dtv

In diesem faszinierenden Bildband führt Walter Hansen an die Schauplätze des Nibelungenliedes, dahin, wo die dramatischen Geschichten von Liebe, Treue und Verrat, Mord und Rache spielen. Die Burgen, Dome, Orakelstätten und Klöster zwischen Worms am Rhein und Esztergom vor Budapest bilden das Bühnenbild dieses bedeutendsten Heldenepos des Mittelalters. Eindrucksvoll im Bild festgehalten, gewinnen diese Orte, wo Siegfried und Hagen, Kriemhild und Brünhild, Rüdiger von Bechelaren, Dietrich von Bern und Spielmann Volker aufeinander trafen, an Farbe und Unmittelbarkeit. Zentrale Passagen sind im mittelhochdeutschen Original sowie in Prosaübersetzungen wiedergegeben, daneben erschließen Kommentare und kulturhistorische Erklärungen das Werk.

Walter Hansen lebt als freier Schriftsteller in München. Seine Jugendbücher und kulturhistorischen Sachbücher wurden mehrfach übersetzt und ausgezeichnet.

Walter Hansen

Wo Siegfried starb und Kriemhild liebte

Die Schauplätze des Nibelungenliedes

Deutscher Taschenbuch Verlag

Ungekürzte Ausgabe
Juni 2004

www.dtv.de

Erstveröffentlichung 1997 bei Carl Ueberreuter, Wien
Umschlagkonzept: Balk & Brumshagen
Umschlaggestaltung:
Catherine Collin unter Verwendung von Fotografien
der Ruine Burg Aggstein in Niederösterreich (© Mauritius/Mehlig)
sowie des Hagen-Denkmals von Worms (© Walter Hansen)
Fotos im Innenteil: Walter Hansen
Gesamtherstellung: Druckerei Theiss GmbH, A-9431 St. Stefan
Gedruckt auf säurefreiem, chlorfrei gebleichtem Papier
Printed in Austria · ISBN 3-423-34098-3

Inhalt

Bilder und Strophen

Das war die Absicht des Nibelungendichters: Sein Werk sollte aktuell wirken und dem Publikum unter die Haut gehen. Deshalb bediente er sich einer Erzähltechnik, die er als erster angewandt hat in der Literaturgeschichte und die heute von vielen Autoren eingesetzt wird: Er projizierte seine Geschichte von Liebe, Treue, Mord, Verrat, Eifersucht und Untergang auf wirkliche Schauplätze, die es damals gab. – Und die es heute noch gibt!

Die Unmittelbarkeit, die er zur Stauferzeit vermitteln wollte, die Vorstellung von Aktualität und Authentizität, empfinden wir heute noch, wenn wir die Schauplätze des Nibelungenliedes sehen. Und so war es sinnvoll, Originalschauplätze und Originalstrophen in diesem Buch zusammenzubringen und eine neue Perspektive zum Nibelungenlied zu eröffnen.

Prosa-Übersetzungen direkt neben den Originalstrophen machen es auch dem Laien leicht, den mittelhochdeutschen Text fließend zu lesen und die Faszination einer Sprache zu erleben, die in einer glanzvollen Epoche der deutschen Literatur gesprochen wurde. Es war die Zeit, in der die großen Minnesänger und Epiker des Mittelalters ihre Werke schufen: Walther von der Vogelweide, Heinrich von Morungen, Neidhart von Reuental, Wolfram von Eschenbach, Hartmann von Aue, Reinmar der Alte, Konrad von Fussesbrunnen, Gottfried von Straßburg und der unbekannte Dichter des Nibelungenliedes.

w. h.

Heldenepos aus der Stauferzeit: das Nibelungenlied, Handschrift C

ne. ane schulde wid' seit.
man starch schefte. vor
sale dan. do wrden in vn
emen. niwan daz Hagene.
r enlebte. so wrde in vnder
. Ez sp̄ch nv lat beliben.
en geborn. ovch ist so grim
e sone tvost in niem̄ bestan.
ich kan heimliche. wol also
r. ia mvz im von Hagene.
. wie mohte daz ergan. des
eren boten riten. zv tvns
n bechant. So ichez vor
lso daz ist getan. so lobt er
vrowen. div mære saget
e sinem man. vil michel
de. die rechen vz erchorn.
i. Auent' wie zeworrte wid' si
strrech man. sach man ze ger.
Gunth' dem vil richen. in
frowen. div aller groziste
en fvr gan. vn̄ iaben daz
ē da het betwngen. div si
lant. Die boten er do
re lat vns stan. vnz wir
ide. daz wirret manich
den ir da wilen tatent. div
indizze lant. do begunde
Lan iner die trvgenære
oz bewarn. er od' and' iem
leide getan. Des kunic
nege. in nie gerowen he
ne wolde Hagene. nie des

ratē abe gan. Eines tages Sivrit. si rvnende vant. do begunde vragen. der
helt von Sidlant. wie get so trvrecliche. d' kunic vn̄ sine man. daz sol ich im
mer rechen. hat im iemen iht getan. Do sp̄ch d' kunic Gunth'. mir ist vō
schulden leit. Ludegast vn̄ Ludeger. di hant mir wid' seit. si wellent nv offen
liche. riten in min lant. do sp̄ch d' degen chvne. daz sol dv Sivrides hant. Wol
nach iwn eren. mit vlize vndstan. ia getvn ich den degenen. als ich han ē getan.
ich gelege in wste. ir burge vn̄ ovch ir lant. ē daz ich erwinde. des si min hŏbet
iw pfant. Ir vn̄ iw recken. ir sult hie bestan. vn̄ lat mich zv in riten. mit
den vn̄ ich hie han. daz ich iw gerne diene. daz laz ich iwch gesehn. do begunde
im Gunth'. darvmbe groz genade iehn. Do schieten si die reise. mit den
knehten dan. Sivride vn̄ sinen degenen. zesehn ez was getan. do hiez er sich
bereiten. die von Sidlant. die vier welten degene. die fvhten stritlich ge
want. Do sp̄ch d' herre Sifrit. min vat' Sigemunt. ir sult hie beliben. ich
chvm inkurzer stvnt. git uns got gelucke. her wid' an den Rin. ir sult bi
dem kunige. hie vil vrolich sin. Div zeichen si an bunden. also si wolden
dan. do waren da genvge. Gunth's man. dine wessen niht d' mære. wa von ez
was geschehn. man mohte groz gesinde. do bi Sivride sehn. Ir helm vn̄ ŏch
ir brunne. si bunden vf div march. do wolde von dem lande. vil manich
reche starch. do gie von Tronege Hagene. da er Chriemh' vant. vn̄ bat im
gebn vrlovp. si wolden rvmen daz lant. So wol mich sp̄ch do Chriemh'
daz ich ie gewan den man. d' minen lieben friunden. so tar vor gestan. also
min herre Sivrit. tvt den friunden min. des mvz ich hohes mvtes. sprach div
kunginne sin. Vil lieb' friunt Hagene. nv gedenchet an daz. daz ich iw g'
ne diene. vn̄ nie noch wart gehaz. des lazet mich genieten. an minem lie
ben man. ern sol des niht engelten. hab ich Prunh' iht getan. Daz hat
mih sit gerowen. sp̄ch daz edel wip. ovch hat er so zerblowen. dar vmbe mi
nen lip. daz ich ie beswarte. ir mit rede den mvt. daz hat vil wol errochen.
d' helt chune vn̄ gvt. Ir werdet wol gefriunde. her nach disen tagen.
Chriemh' liebiv frowe. ia sult ir mir sagen. wie ich iv muge gedienen.
an Sifride iwm man. daz tvn ich frowe gerne. baz ihs niem̄ gan. Ich wær
alle sorge. sp̄ch daz edel wip. daz im niemen næme. in sturme sinen lip. ob
er niht volgen wolde. siner vb'mvt. so wær ovch imm' sicher. d' helt chune
vn̄ gvt. Do sp̄ch ab' Hagene. frowe habt ir wan. ob man in muge

DIE AUSSPRACHE DES MITTELHOCHDEUTSCHEN

Gesprochen werden:

â, ê, î, ô, û lang,

a, e, i, o, u, ä, ö, ü kurz,

ie als Diphthong mit Betonung auf dem i (li-ebe, Kri-emhild),

iu als ü (âventiure),

ou als au (frouwe),

c im auslaut als k (marc, marcgrâve),

h teils als h (hort), teils als ch (reht)

z teils als z (zuht), teils als s oder ss (daz).

Das Nibelungenlied
ein Reiseführer ins Mittelalter

Ein Fall für Sherlock Holmes

Wäre Sherlock Holmes mit dem »Fall Nibelungenlied« beauftragt gewesen: er hätte jeden Londoner Spitzbuben laufen lassen und nur noch die versteckten Botschaften des Dichters zu entschlüsseln versucht. Denn das Nibelungenlied ist eine faszinierende Herausforderung für Forscher und Literaturdetektive, ein geheimnisvolles Werk, voller Rätsel und verborgener Hinweise.

»Jeder sollte es lesen«, hat Goethe einmal gesagt. Er war mit seiner Begeisterung nicht allein. Das Nibelungenlied wurde und wird gelesen wie kaum ein anderes Werk der Weltliteratur. Es gehört zu den ewigen Bestsellern, und im Mittelalter war es das weitaus populärste und einflußreichste Heldenepos: Auf allen Fürstenhöfen und Burgen sangen Spielleute das große Lied vor durchwegs adeligem Publikum, vor Fürsten und Vasallen, Markgrafen und Ministerialen, Fürstinnen und hohen Damen.

Rund 2400 Strophen hat das Nibelungenlied, aufgeteilt in 39 Aventiuren, und jedes dieser Kapitel wurde an einem Abend gesungen: in einer Art rezitativem Sprechgesang, zu einer Melodie, die wir nicht kennen.

Der Dichter ist unbekannt. Er wollte oder mußte seinen Namen verschweigen. Allerdings: Er hat Informationen über sich in seinem Werk verborgen! Daraus können wir zum Beispiel schließen, daß er Österreicher adeliger Abstammung war, daß er die Donaugegend bestens kannte, daß er die Rheingegend um Worms und Lorsch bereiste, daß er in enger Beziehung zum Passauer Bischofssitz stand, daß er die Hochzeit des Babenberger Herzogs Leopold VI. des Glorreichen mit Prinzessin Theodora in Wien erlebte, daß er die Spielregeln der höfischen Etikette genauestens beherrschte, daß er hochgebildet war, daß er am Barbarossa-Kreuzzug von 1189 bis 1192 teilnahm, daß er früher als Spielmann durchs Land zog und erst später seinen sozialen Aufstieg an die Tafelrunde der großen Dichter schaffte.

Das Nibelungenlied ist undatiert. Im Text lassen sich aber Indizien und Hinweise über Ort und Zeit der Entstehung aufspüren: Passau, Bischofssitz, 1200 bis 1205.

Der Auftraggeber ist ungenannt. Der Dichter indessen wird nicht müde, ihn mit versteckten Anspielungen zu identifizieren: Bischof Wolfger war's, Kunstmäzen, Kreuzzugsteilnehmer von 1197 bis 1198, ein Kirchenfürst mit diplomatischem Geschick, ein weithin berühmter Friedensstifter, der oft gerufen wurde, wenn es Streit zu schlichten galt in einer Zeit politischen Rabaukentums.

Hier drängt sich eine Frage auf, kontrovers diskutiert und scheinbar unerklärlich: Warum es der Passauer Bischof Wolfger war, ein Kirchenfürst, ein Vertrauter des Papstes, ein notorischer Friedensstifter, der den Auftrag gegeben hat, das Nibelungenlied zu schreiben? Ein Heldenepos! Eine höchst weltliche Geschichte von Liebe und Treue, Mord und Rache, Verrat und Untergang. Ein Werk, in dem der Dichter germanische Ehrbegriffe beschwor, heidnische Mythen dramatisierte und die »ritterliche Verklärung

der alten Reckenwelt« beabsichtigte, wie der Germanist Andreas Heusler befand.
Doch ein Werk grauer Vorzeitthemen war das Nibelungenlied nicht. Der Dichter dachte modern. Im Alchimistentiegel seiner Phantasie verschmolz er Vergangenheit und Gegenwart zu einem Epos von aktuellem Bezug: »Die Helden des Nibelungenliedes sind christliche Ritter, eingeordnet in christliche Lebensformen«, schreibt der große Germanist Helmut de Boor, und: »Das Nibelungenlied bewegt sich mit geographischer Gewissenhaftigkeit im wirklichen Raum der Rhein- und Donaulandschaft. Das ist ... nur der äußere Ausdruck dafür, daß die Menschen dieses Gedichtes in einer Welt der Wirklichkeit leben, von der sie geprägt werden.«

Das größte Bühnenbild der Weltliteratur

Eine spektakuläre und damals einzigartige Idee des Dichters wird erkennbar: Er ließ Siegfried, Kriemhild, Hagen von Tronje und alle anderen Protagonisten an Schauplätzen agieren, die es wirklich gab, die er kannte und genau beschreiben konnte!
Diese Schauplätze gibt es heute noch. Der Leser unserer Zeit kann wie bei einer Schnitzeljagd der Fährte folgen, die der Dichter vor 800 Jahren gelegt hat. Das Nibelungenlied wird zum Reiseführer ins Mittelalter. Wer die Stationen der Story mit dem Auto abfährt, der empfindet das Werk unmittelbarer. Denn die Dome, Burgen, Orakelstätten, Römerbauten und Klöster, die wir als Bühnenbild des Nibelungenliedes kennen – sie sind auf einmal da, reale Tatorte einer fiktiven Geschichte, jeder kann sie sehen, fotografieren, fast alle sind heute noch erhalten, teils im Originalzustand wie der Dom zu Worms, wo Hagen von Tronje an die Bahre des ermordeten Siegfried trat und die Wunden des Toten zu bluten begannen. Teils als Ruinen wie Burg Schaunberg bei Eferding, wo Kriemhild auf ihrer Reise zum ungeliebten König Etzel übernachtete. Einige waren sogar Jahrhunderte hindurch verschüttet wie die Arpadenburg in Esztergom, die sagenhafte Etzelburg des Nibelungenliedes. Erst in unserem Jahrhundert wurde sie von Archäologen aus dem Erdboden gegraben.
Diese Schauplätze des Nibelungenliedes ergeben ein Panorama von Worms am Rhein quer durch Deutschland, Österreich und Ungarn bis knapp vor Budapest: das größte Bühnenbild der Weltliteratur!
Schauplätze einer Dichtung sind zu sehen – und nicht Schauplätze eines historischen Geschehens. Denn das Nibelungenlied ist nicht – wie so oft irrtümlich behauptet wird – Chronik, historischer Bericht oder poesievolle Geschichtsschreibung, sondern ein Epos mit diffusem historischem Background, gestützt auf eine Vielfalt anachronistischer Überlieferungen, dominiert von der schöpferischen Leistung des Dichters.

Schauplätze des Nibelungenliedes

—— *beschriebene Strecken*
------ *nicht beschriebene Strecken*

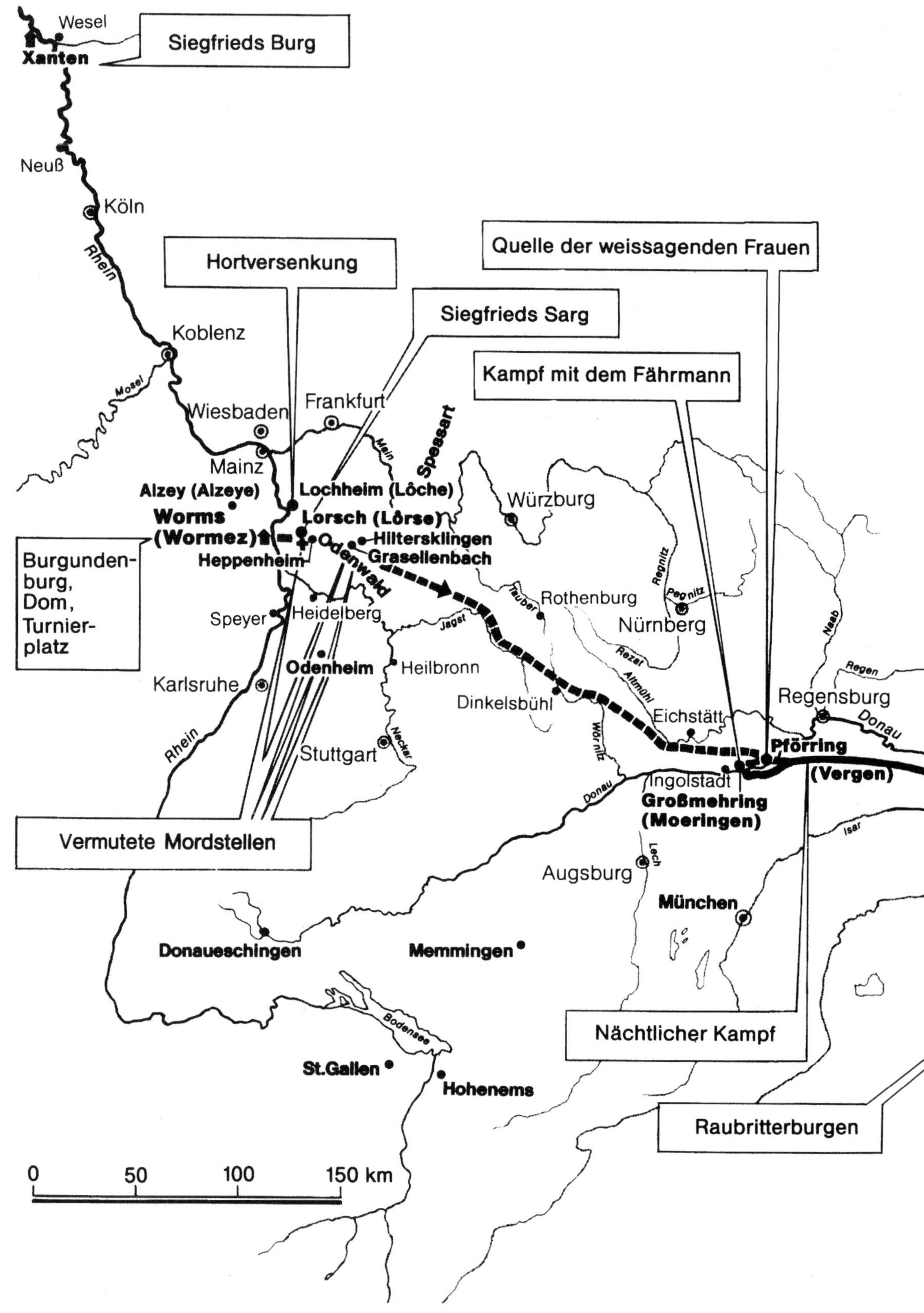

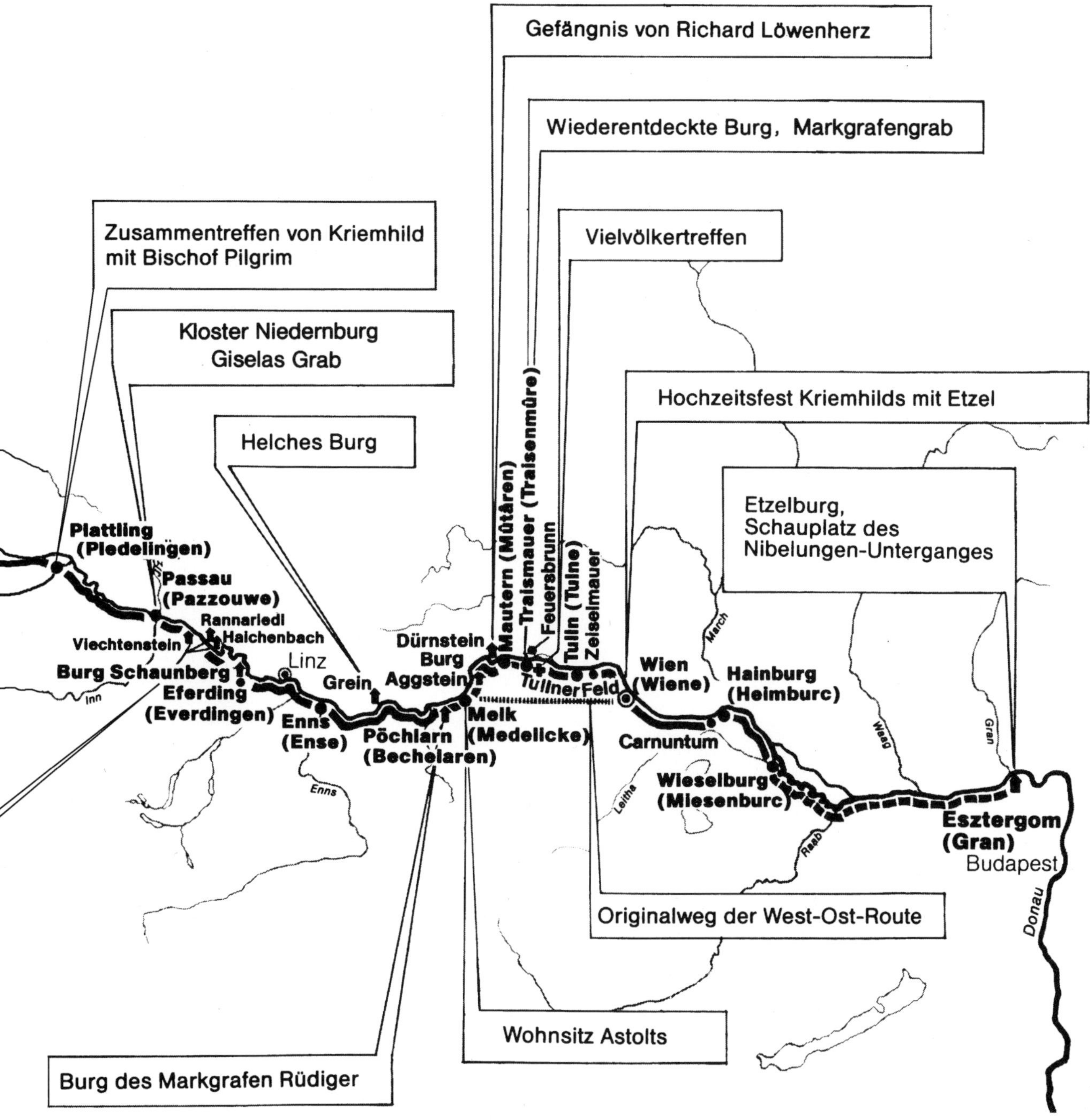
Gefängnis von Richard Löwenherz
Wiederentdeckte Burg, Markgrafengrab
Vielvölkertreffen
Zusammentreffen von Kriemhild mit Bischof Pilgrim
Kloster Niedernburg Giselas Grab
Helches Burg
Hochzeitsfest Kriemhilds mit Etzel
Etzelburg, Schauplatz des Nibelungen-Unterganges
Plattling (Piedelingen)
Passau (Pazzouwe)
Rannariedl
Haichenbach
Viechtenstein
Burg Schaunberg
Eferding (Everdingen)
Inn
Linz
Enns (Ense)
Enns
Grein
Dürnstein
Burg Aggstein
Pöchlarn (Bechelaren)
Melk (Medelicke)
Mautern (Mûtâren)
Traismauer (Traisenmûre)
Feuersbrunn
Tulln (Tulne)
Zeiselmauer
Tullner Feld
Wien (Wiene)
Hainburg (Heimburc)
Carnuntum
March
Leitha
Waag
Gran
Wieselburg (Miesenburc)
Raab
Esztergom (Gran)
Budapest
Donau
Originalweg der West-Ost-Route
Wohnsitz Astolts
Burg des Markgrafen Rüdiger

Kriemhilds Reiseziel Eferding: Burg Schaunberg

Die alten Mären – ganz aktuell

Dieser diffuse historische Hintergrund sollte uns kurz beschäftigen. Ein kompliziertes Thema! Denn die meisten Überlieferungen, die der Dichter in seinem Epos verarbeitet hat, sind heute verschollen. Und es bedarf detektivischer Kombinationsgabe, um aus wenigen Fakten und verwitterten Spuren die sogenannte Stoffgenetik des Nibelungenliedes zu rekonstruieren.
Was dabei herauskam, sind zum Teil erbittert umkämpfte Hypothesen, zum Teil wissenschaftlich gesicherte Erkenntnisse.
Als gesichert gilt, daß der Dichter keine historischen Überlieferungen verarbeitet hat, sondern dichterische Umgestaltungen historischer Ereignisse, literarische Vorstufen, Edda-Lieder, Spielmannsepen, Sagen, Legenden, Märchen und Mythen – »alte mæren«, wie sie der Dichter in seiner programmatischen Einleitungsstrophe bezeichnet hat:

1. Uns ist in alten mæren wunders vil geseit:
von helden lobebæren, von grôzer arebeit,
von fröuden, hôchgezîten, von weinen und von klagen,
von küener recken strîten muget ir nu wunder hœren sagen.

1. In alten Geschichten wird uns viel Wunderbares erzählt: von ruhmwürdigen Helden, von schwerer Kampfesnot, von Freuden und von Festen, von Weinen und von Klagen, vom Kampfe kühner Recken – davon sollt ihr nun Wunderbares berichten hören.

Diese alten Mären überlieferten dem Dichter wunderbare und archetypische, dramatische und fabulöse Erzählungen von historischen Persönlichkeiten, deren Lebensdaten wir exakt beweisen können. Das heißt: Die literarischen Vorbilder der Nibelungen-Helden haben fast alle wirklich gelebt.
So gab es beispielsweise einen Gundahari, König der Burgunden in Worms, gefallen am Rhein beim Kampf gegen anstürmende Hunnen im Jahre 437 – rund 760 Jahre bevor der Dichter des Nibelungenliedes ihn zum literarischen Vorbild seines Königs Gunther machte, den er allerdings an der Donau sterben ließ, als Opfer von Kriemhilds Rache.
Dietrich von Bern ist identisch mit Theoderich dem Großen, König der Ostgoten, geboren im Jahre 453 – also 16 Jahre nach König Gunthers Tod.
Rund 150 Jahre später regierte die Merowingerkönigin Brünhild. Sie war in eine Mordgeschichte verwickelt und wurde selbst ermordet, was uns nicht weiter wunderzunehmen braucht, denn die Ermordung gehörte gewissermaßen zu den natürlichen Todesursachen in den feinen Kreisen der Merowinger.
Etwa 300 Jahre nach Brünhild residierte in Pöchlarn ein Markgraf namens Rüdiger: Rüdiger von Bechelaren.
Wenn man nun alle Haupt- und Nebendarsteller des Nibelungenliedes auf ihre historische Vergangenheit hin überprüft, so erweist sich, daß kaum

Rechts: »Uns ist in alten maeren...« Die erste Seite der Handschrift C

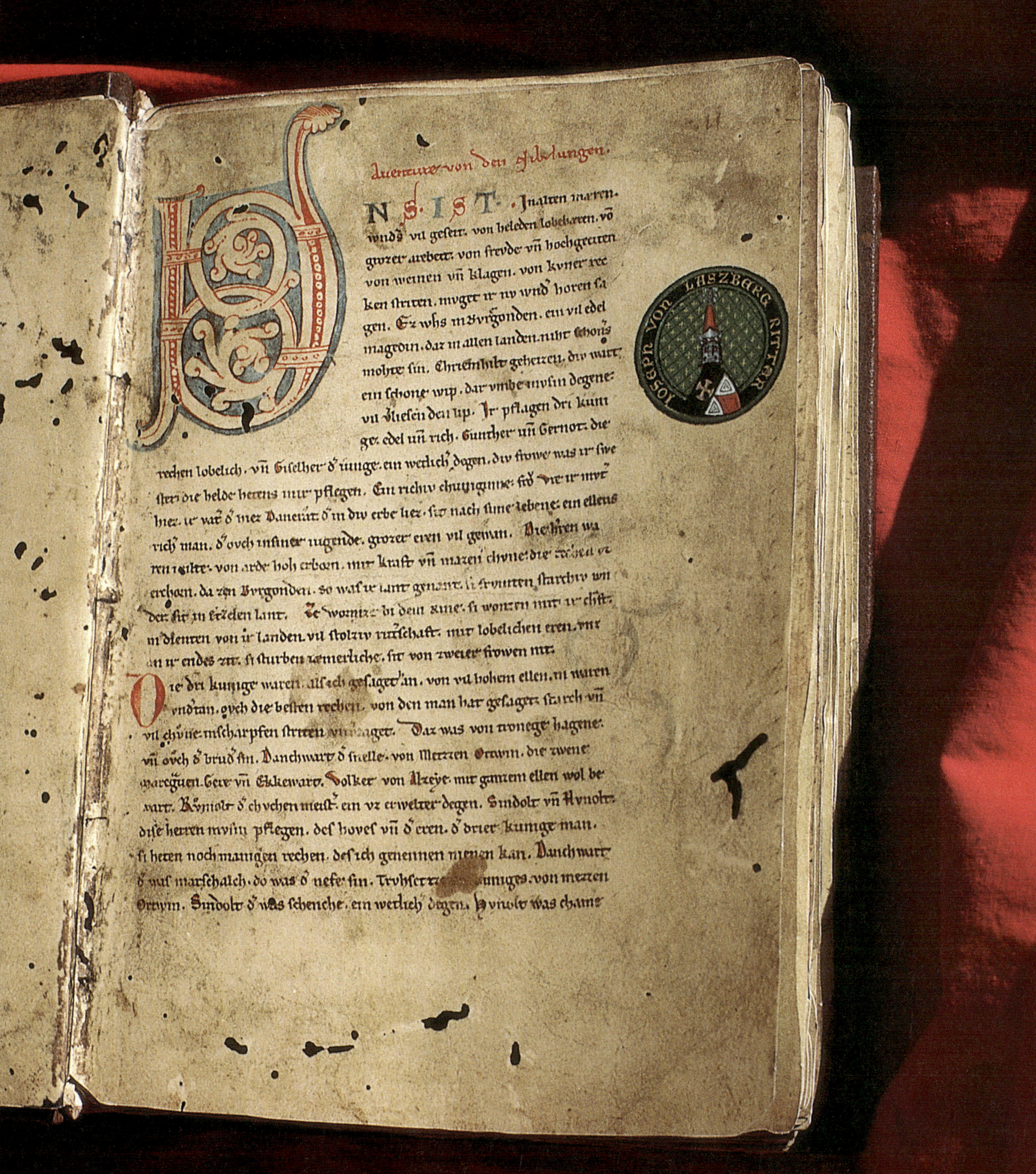
aventure von den Nibelungen.
NS·IST· Jnalten maren.
wnd' vil geseit. von heleden lobebæren. vō
grozer arebeit. von frevde vn̄ hochgeziten
von weinen vn̄ klagen. von kuner re
ken striten. muget ir nv wnd' horen sa
gen. Ez whs in Burgonden. ein vil edel
magedin. daz in allen landen. niht schoners
mohte sin. Chriemhilt geheizen. div wart
ein schone wip. dar umbe mvsin degene
vil vliesen den lip. Ir pflagen dri kuni
ge. edel vn̄ rich. Gunther vn̄ Gernot. die
rechen lobelich. vn̄ Giselher d' iunge. ein werlich' degen. div frowe was ir swe
ster. die helde hetens in ir pflegen. Ein richiv chuniginne. frō Vte ir mvter
hiez. ir vat' d' hiez Dancrat. d' in div erbe liez. sit nach sime lebene. ein ellens
rich' man. d' ovch in siner iugende. grozer eren vil gewan. Die herren wa
ren milte. von arde hoh erborn. mit kraft vn̄ maze chvne. die rechen vz
erchorn. da zen Burgonden. so was ir lant genant. si frumten starchiv wn
der sit in Etzelen lant. Ze Wormze bi dem rine. si wonten mit ir chraft.
in dienten von ir landen. vil stolziv ritterschaft. mit lobelichen eren. vnz
an ir endes zit. si sturben iæmerliche. sit von zweier frowen nit.
Die dri kunige waren. als ich gesaget han. von vil hohem ellen. in waren
vndertan. ovch die besten rechen. von den man hat gesaget. starch vn̄
vil chvne. in scharpfen striten vnverzaget. Daz was von Tronege Hagene.
vn̄ ovch d' brud' sin. Danchwart d' snelle. von Metzen Ortwin. die zwene
marcgraven Gere vn̄ Eckewart. Volker von Alzeye. mit ganzem ellen wol be
wart. Rvmolt d' chvchen meist'. ein vz erwelter degen. Sindolt vn̄ Hunolt.
dise herren mvsin pflegen. des hoves vn̄ d' eren. d' drier kunige man.
si heten noch mangen rechen. des ich genennen niht en kan. Danchwart
d' was marschalch. do was d' neve sin. Truhsetze des kuniges. von Metzen
Ortwin. Sindolt d' was schenche. ein werlich' degen. Hunolt was chame
JOSEPH VON LASZBERG RITTER

zwei oder drei von ihnen gleichzeitig gelebt haben. Sie stammten überwiegend aus verschiedenen Generationen, aus unterschiedlichen Epochen sogar, vor allem aus der Völkerwanderungszeit, aber auch aus dem 9., 10. und 11. Jahrhundert.

Solche Anachronismen boten dem Dichter kein Problem. Mit dem Recht der dichterischen Freiheit holte er diese historischen Persönlichkeiten aus den verschiedenen Jahrhunderten in eine zeitliche Ebene, und zwar – das ist ganz entscheidend – in seine eigene Gegenwart, in die Zeit zwischen 1200 und 1205, als er das Nibelungenlied schrieb. Er brachte sie ins Spiel, als seien sie seine Zeitgenossen und die seines Publikums. Er kleidete sie nach dem neuesten Schrei der Mode um 1200. Er stattete sie mit Schwertern, Schilden und Rüstungen aus, die waffentechnisch auf dem neuesten Stand waren, er ließ die Story in einer politischen Atmosphäre spielen, die jeder seiner Zuhörer und Zuhörerinnen als aktuell empfand. – Und diese aus Wahrheit und Dichtung kombinierte Story projizierte der Dichter auf reale Schauplätze: Er ließ seine Helden in Burgen wohnen und kämpfen, die es wirklich gab, er ließ sie in Domen beten, die jeder besuchen konnte, er ließ sie zu Orakelstätten reiten, um die jeder wußte, er ließ sie auf Straßen reisen, die Heer- und Handelswege waren. Er machte die interessantesten Bauwerke, Orte, Straßen und Landschaften zu Schauplätzen seines Epos.

Schauplätze des Nibelungenliedes. Wir sind wieder beim Thema.

Thrillertechnik

Und wir ahnen eine Absicht des Dichters. Denn unverkennbar ist, daß er sich bewußt der örtlichen Projektion bediente, einer schriftstellerischen Technik, eines dichterischen Kunstgriffs. Gemeint ist die Projektion einer Fact-and-fiction-story auf wirkliche Schauplätze, die allgemein bekannt sind.

Soweit wir wissen, hat der Dichter des Nibelungenliedes diese Erzähltechnik in der Literaturgeschichte als erster angewandt, vielleicht sogar erfunden.* Nach ihm wurde sie von vielen Dichtern eingesetzt, mitunter bewußt oder unbewußt kopiert, in stärkster Ausprägung heutzutage von Thrillerautoren, von Graham Greene zum Beispiel, von Frederic Forsyth, von John le Carré, der das Nibelungenlied kennt und es in einem SPIEGEL-Gespräch als »eine der größten Dichtungen« bezeichnet hat (DER SPIEGEL 32/1989), oder von Ian Fleming, der Charakterzüge und Marotten des archetypischen

* Die Ortsbezüge bei Homer und Sagendichtern sind »mythische Überhöhungen topographischer Besonderheiten« und mit der örtlichen Projektion nicht vergleichbar.

Helden Siegfried unübersehbar auf seinen James Bond übertragen hat und die Technik der örtlichen Projektion virtuos einzusetzen wußte.
Der Sinn dieser Erzähltechnik ist klar: Wenn der Dichter des Nibelungenliedes eine aus Wahrheit und Dichtung gemixte Story auf wirkliche Schauplätze projizierte, so erzielte er damit mehrere Effekte:

1. Er forcierte die Vorstellung von Aktualität und Authentizität – als würde sich das Drama vom Untergang der Nibelungen wirklich abspielen, hier und heute, vor aller Augen, auf dieser Burg da oben, in diesem Dom da drüben.
2. Diese Wirklichkeitsnähe des Nibelungendramas ging dem Publikum unter die Haut. Damit war der vom Dichter angestrebte Erfolg programmiert. Das Nibelungenlied wurde, wie schon gesagt, auf allen Burgen gesungen, es war allgemein bekannt und das populärste Werk des Mittelalters.
3. Und er erzielte einen dritten Effekt. Ich zitiere aus einem Vortrag von Professor Dr. Heinrich Pleticha zu dem Thema »Die Schauplätze des Nibelungenliedes«: Durch die örtliche Projektion, so Pleticha, »hat der Dichter seine Leser und Zuhörer bewußt eingebunden in das Geschehen«.

Das ist der entscheidende Punkt: Einbindung des Publikums ins Werk!
Sein Publikum – das waren die Fürsten, Gefolgsleute, adligen Damen, die Führungskräfte und einflußreichen Berater, die grauen Eminenzen und geheimen Verführer, die Herren über Krieg und Frieden. Wenn aber der Dichter diese Zielgruppe bewußt eingebunden hat in seine Geschichte vom Untergang der Nibelungen, dann steckte Taktik dahinter, dann hatte er was vor – aber was?

Die Botschaft des Dichters

Wenn wir das Motiv des Autors aufspüren wollen, wenn wir ihm ins Herz zu schauen versuchen, so müssen wir die wichtigste und selbstverständlichste Forderung erfüllen, die für die Interpretation eines jeglichen literarischen Werkes Voraussetzung ist: Wir müssen die Zeit zu verstehen versuchen, in der unser Dichter sein Epos geschrieben hat:
Eine glanzvolle Zeit – eine gefährliche Zeit!
Glanzvoll, denn es war die Blütezeit höfischer Kultur und Etikette, die klassische Zeit des Minnesangs und der Epik. Walther von der Vogelweide, Hartmann von Aue, Wolfram von Eschenbach, Gottfried von Straßburg, Heinrich von Veldeke, Konrad von Fussesbrunnen – alles Zeitgenossen des Nibelungendichters!
Gefährlich aber war die Epoche, abgründig und sittlich verkommen, denn es herrschte Chaos und Untergangsstimmung. Nach dem Tod von Kaiser Heinrich VI. im Jahre 1197 war die Zeit geprägt vom Ränkespiel rivalisie-

render Herrscherhäuser. Staufer und Welfen versuchten ihre Machtansprüche mit Mord, Verrat, Raub, Rache und Treuebrüchen durchzusetzen.
Und zu dieser Zeit schrieb der Dichter das Nibelungenlied – das Epos von Liebe und Treue, Mord, Verrat, Raub, Rache, Treuebrüchen und Untergang. Parallelen sind erkennbar. Bezüge zwischen Werk und Wirklichkeit. Aktuelle Parallelen damals zur Stauferzeit, hochbrisant und ins Auge springend.
Diese Parallelen – darin ist sich die literaturwissenschaftliche Forschung heute weitgehend einig – lassen auf das Motiv des Dichters schließen, sie machen deutlich, was er wirklich wollte. Er wollte den fürs Chaos seiner Zeit verantwortlichen Fürsten und Gefolgsleuten indirekt sagen, was er ihnen direkt nicht sagen durfte: Daß im allgemeinen Chaos untergehen muß, was mit Rivalität und Ränkespiel einzelner beginnt und sich fortsetzt mit Mord, Verrat, Raub, Rache und Treuebruch. Daß es höchste Zeit ist, Frieden zu schließen und sich ritterlicher Ehrbegriffe zu besinnen.
Das ist, nach Überzeugung vieler Forscher, die Botschaft des Dichters: eine Mahnung zum Frieden!
Eine Hypothese, gewiß, aber sie kann die Frage klären, die so unerklärlich scheint: Warum es der Passauer Bischof Wolfger war – ein Kirchenfürst, ein Vertrauter des Papstes, ein weithin bekannter Friedensstifter, der den Auftrag gegeben hat, das Nibelungenlied zu schreiben.

Am Rhein das Zentrum des Burgundenreiches

Worms: Freude, Liebe, Haß und Mordkomplott

In Worms steigerte der Dichter eine Liebesgeschichte zur Tragödie: Kriemhild verliebt sich in den Drachentöter; Siegfried besiegt die Könige auf dem Turnierplatz; Brünhild wird in der Hochzeitsnacht betrogen; die Königinnen streiten vor dem Nordportal; Hagen plant Mord, Raub und Hortversenkung; Kriemhild findet den ermordeten Siegfried beim Gang zur Frühmette; Hagen wird durch die Bahrprobe als Mörder überführt; Kriemhild weint drei Tage und drei Nächte vor der Bahre Siegfrieds und schwört Rache – im Dom zu Worms, der heute noch so dasteht wie zur Zeit des Nibelungendichters.

Zur Stauferzeit war Worms ein Mittelpunkt kaiserlicher Macht, Schauplatz von Kaiserbesuchen, Hoftagen, Reichstagen und Festen – und mithin ein ideales Bühnenbild für den Dichter: Fast alle einflußreichen Fürsten und Gefolgsleute seines Publikums kannten Worms von Reisen her, und wenn sie später auf ihren Burgen das Nibelungenlied hörten, hatten sie die Szenerie der besungenen Ereignisse vor Augen: den spätromanischen Kaiserdom, das Nordportal, den Turnierhof und – rechtwinkelig an den Dom angebaut – den Bischofspalast.

Diese Bauwerke freilich hat der Dichter des Nibelungenliedes phantasievoll umfunktioniert für seine Zwecke: Der Bischofspalast wurde zur Burgundenburg, der Kaiserdom zum Königsdom der Burgunden, das Nordportal zum Schauplatz des Streites der Königinnen.

Der Bischofspalast allerdings steht heute nicht mehr an den Dom angebaut, er versank 1689 beim großen Stadtbrand während des Pfälzischen Erbfolgekrieges in Schutt und Scherben – und damit ging die Burgundenburg unter, eines der wenigen Bühnenbilder des Nibelungenliedes, die nicht mehr erhalten sind.

Heute steht dort das 1840 erbaute Schlößchen von Cornelius Heyl.

Wie der Bischofssitz ausgesehen hat, zeigt eine im Jahr nach der Brandkatastrophe von Peter Hamann aus der Erinnerung gezeichnete Stadtansicht des unversehrten Worms. Demnach war der Bischofspalast wesentlich größer als das Heyl-Schlößchen, das heute dort steht, wuchtiger, zweistöckig, südlich an die Domwand angebaut und nördlich begrenzt von einer hohen Halle. Daneben stand eine Burgkapelle.

Kriemhild und die Könige

Dom, Palast und hohe Halle bildeten das Machtzentrum des Burgundenreiches, wie es im Nibelungenlied beschrieben ist: Dort herrschten die Könige Gunther, Gernot und Giselher mit ihren Gefolgsmännern Hagen von Tronje, Ortwin von Metz, Spielmann Volker von Alzey und vielen anderen ruhmreichen Recken. Dort lebte auch Kriemhild, Königstochter und Schwester der burgundischen Könige:

Dom, Palast und Königshalle vor dem Stadtrand. Rekonstruktion nach einer Skizze von Peter Haman

2. Ez wuohs in Burgonden ein vil edel magedîn,
daz in allen landen niht schœners mohte sîn,
Kriemhilt geheizen. si wart ein scœne wîp.
dar umbe muosen degene vil verliesen den lîp.

2. Im Lande der Burgunden wuchs ein Mädchen vornehmer Abstammung heran, das war so schön, daß in keinem anderen Land ein schöneres hätte sein können, Kriemhild genannt. Sie wurde eine begehrenswerte junge Frau. Deshalb mußten später viele Helden ihr Leben verlieren.

3. Der minneclîchen meide triuten wol gezam.
ir muoten küene recken, niemen was ir gram.
âne mâzen schœne sô was ir edel lîp.
der juncfrouwen tugende zierten anderiu wîp.

3. Die liebenswerte junge Frau verdiente wohl geliebt zu werden. Kühne Recken begehrten sie, niemand wollte ihr Böses. Außergewöhnlich schön war die Hochgeborene, die vorzüglichen Eigenschaften der jungen Herrin waren eine Zierde des weiblichen Geschlechts.

Im Zentrum des Burgundenreiches: der Dom von Worms

4. Ir pflâgen drîe künege edel unde rîch,
Gunther unde Gêrnôt, die recken lobelîch,
und Gîselher der junge, ein ûz erwelter degen.
diu frouwe was ir swester. dic fürsten hetens in ir pflegen.

4. Drei vornehme und mächtige Könige hatten sie in ihrer Obhut: Gunther und Gernot, die ruhmreichen Recken, und der junge Giselher, ein ausgezeichneter Ritter. Die hohe Frau war ihre Schwester. Die Fürsten behüteten sie.

5. Die herren wâren milte, von arde hôhe erborn,
mit kraft unmâzen küene, die recken ûz erkorn.
dâ zen Burgonden sô was ir lant genant.
sie frumten starkiu wunder sît in Etzelen lant.

5. Die Herren waren freigebig, von hochgeborener Abstammung, mit außerordentlich kühner Heeresmacht, die auserlesenen Recken. In Burgunden – so war ihr Land genannt. Später vollbrachten sie wunderbare Heldentaten im Lande König Etzels.

6. Ze Wormez bî dem Rîne si wonten mit ir kraft.
in diente von ir landen vil stolziu ritterscaft
mit lobelîchen êren unz an ir endes zît.
si ersturben sît jæmerlîche von zweier edelen frouwen nît.

6. In Worms am Rhein herrschten sie mit ihrer Heeresmacht. Die stolzeste Ritterschaft aus ihren Landen leistete ihnen Lehnsdienst, ruhmreich und ehrenvoll bis zum Tod. Sie mußten später schrecklich sterben, weil zwei edle Frauen einander haßten.

Eines Nachts hatte Kriemhild einen Traum: Ein Falke, den sie aufzog, stark, schön und wild, wurde vor ihren Augen von zwei Adlern zerfleischt. Sie erzählte den Traum ihrer Mutter Ute, der Witwe des ruhmreichen Königs Dankrat. Die Königin-Mutter deutete den Traum so: »Der Falke, den du aufziehst, ist ein edler Mann. Wenn Gott ihn nicht behütet, wirst du ihn verlieren.«
»Was sprecht Ihr da von einem Mann?« fragte Kriemhild, »ich will ohne eines Recken Minne bleiben, dann kann mich die Liebe zu einem Mann nie traurig machen.«
Darauf die Mutter: »Wenn du je auf der Welt glücklich sein wirst, dann nur durch die Liebe eines Mannes.«
Kriemhild ließ sich nicht überzeugen:

17. »Die rede lât belîben«, sprach si, »frouwe mîn.
ez ist an manegen wîben vil dicke worden scîn,
wie liebe mit leide ze jungest lônen kan.
ich sol si mîden beide, sone kan mir nimmer missegân.«

17. »Laßt solche Reden bleiben«, sprach sie, »Herrin, es hat schon oft an Frauen gezeigt, wie Freude mit Leid letztendlich wird gelohnt. Ich will sie meiden beide, dann kann es mir nie schlecht ergehen.«

Der Steinwurf des Drachentöters

Siegfried aus Xanten, Königssohn, christlich erzogener Ritter von großer Kühnheit, erhielt Kunde von der schönen Königstochter Kriemhild, die bisher alle Bewerber um ihre Minne abgewiesen hatte. Er beschloß, Kriemhild als Gemahlin zu gewinnen – wenn es sein mußte durch Krieg mit den Königen Gunther, Gernot und Giselher, ihren Brüdern und Beschützern.
Mit zwölf Recken ritt er nach Worms. Am siebten Tag trabten ihre Pferde auf den Turnierplatz an der Nordseite des Domes vor die Königshalle. »Ihre Rüstungen glänzten von rotem Gold«, schreibt der Nibelungendichter, »sie trugen schimmernde Schilde und strahlende Helme. Goldfarbene Zügel hielten sie in Händen. Die Schwerter reichten bis zu ihren Sporen.«
Ritter und Knappen eilten herbei, um die vornehmen Gäste nach höfischer Etikette zu empfangen.
Gunther, Gernot und Giselher blieben vorerst im Palast und wollten vom weitgereisten Hagen von Tronje wissen, wer die Fremden seien. Hagen trat ans Fenster und erkannte Siegfried.
Mit Hagens Erzählung bringt der Dichter des Nibelungenliedes zum erstenmal mythische Elemente ins Spiel: Siegfried, so berichtete Hagen, hatte im fernen Land der Nibelungen die Königssöhne Schilbung und Nibelung, zwölf Riesen und 700 Recken im Kampf erschlagen und den starken Zwerg Alberich besiegt. Seine Beute: das wunderbare Schwert Balmung, das seinem Besitzer stets zum Sieg verhilft; die Tarnkappe, die ihren Träger unsichtbar macht; und den fluchbeladenen Nibelungenhort, der in einer Höhle des Nibelungenlandes versteckt liegt, bewacht von dem durch einen Treue-Eid an Siegfried gebundenen Zwerg Alberich.

Sie sollen das Unheil abwehren: apotropäische Dämonen an der Domwand

Und weiter berichtet Hagen:

100. »Noch weiz ich an im mêre, daz mir ist bekant:
einen lintrachen, den sluoc des heldes hant.
er badet' sich in dem bluote, sîn hût wart hurnîn.
des snîdet in kein wâfen. daz ist dicke worden scîn.«

100. »Ich weiß noch mehr von ihm. Es ist mir bekannt, daß er einen Drachen mit eigener Hand erschlug. Er badete im Drachenblut, und seine Haut wurde mit einer Hornschicht überzogen. Deshalb kann keine Waffe ihn verletzen. Das hat sich schon wiederholt erwiesen."

Die drei Könige Gunther, Gernot und Giselher hielten es für ratsam, den berühmten Drachentöter freundlich zu empfangen. Sie begaben sich in die Königshalle und schritten durchs Tor und über die Stiege auf ihn zu. Nach kurzem Wortwechsel ließen sie ihm den Willkommenstrunk reichen. Fortan war Siegfried hochgeehrter Gast am Burgundenhof.
Von Kriemhild hat er noch kein Wort erwähnt. Er sah sie nie – aber sie sah ihn und wurde von Sehnsucht zu ihm erfüllt: Seit Siegfried da war, pflegte Kriemhild aus dem Fenster ihrer Kemenate zu blicken, wenn draußen auf dem Turnierhof vor dem Dom die Ritter und Knappen sich bei Waffenspielen vergnügten:

130. Sich vlizzen kurzwîle die künege und ouch ir man,
sô was er ie der beste, swes man dâ began,
des enkund' im gevolgen niemen, sô michel was sîn kraft,
sô si den stein wurfen oder schuzzen den scaft.

130. Wenn die Könige und ihre Gefolgsleute eifrig ritterliche Kampfspiele austrugen, war er [Siegfried] immer der Beste, was immer sie auch begannen, keiner konnte es ihm gleichtun, so groß war seine Kraft, ob sie den Stein warfen oder den Speer schleuderten.

Rechts: Kraftakt des Drachentöters: der Siegfriedstein von Worms

Diese im Nibelungenlied besungenen Steinwürfe haben zu einer Ortssage geführt: Siegfried, so heißt es, schleuderte einmal einen tonnenschweren Stein mit solchem Schwung, daß er von der Nordseite des Domes über die Burgundenburg und die Westtürme hinwegflog und auf der Südwestseite zu Boden fiel. Dort liegt er noch heute, der sogenannte »Siegfriedstein«, etwa ein Meter im Durchmesser – ein gewichtiges Beweisstück für die Gedankenflüge der Sagendichter: Der »Siegfriedstein« ist nämlich nichts anderes als das ausrangierte Gegengewicht für die Flaschenzüge eines Baumkelters,

der im Mittelalter zur Weingewinnung diente. Irgendwann wurde er aus der Kelterei vor den Dom verfrachtet – und mit Strophe 130 des Nibelungenliedes in Verbindung gebracht.

Die Walküre und der Bann des Göttervaters

Ein Jahr lang lebte Siegfried am Hof der Burgunden, ohne Kriemhild zu sehen. Erst als er für die Burgunden im Krieg gegen die Sachsen und Dänen erfolgreich kämpfte, erlaubten die Könige eine erste Begegnung. Fortan trafen Siegfried und Kriemhild einander täglich für kurze Zeit. Um ihre Hand anzuhalten wagte Siegfried nicht, aus Sorge, die Könige könnten ihn abweisen. Er wartete auf seine Chance. Sie kam, als König Gunther selbst um die Liebe einer Königin warb.

Der Nibelungendichter blendet nun eine mythische Geschichte ein, die programmatisch ist für die späteren Entwicklungen: Gunther hatte von Brünhild vernommen, einer schönen und überaus starken Königin auf Island jenseits des Meeres. Sie wollte nur den Recken zum Gemahl nehmen, der sie in drei Wettkämpfen besiegte: Speerwurf, Steinwurf, Weitsprung. Wer nur in einer einzigen Disziplin unterlag, mußte sterben. Und am Leben blieb noch keiner, der um ihre Minne gekämpft hatte.

Gunther war entschlossen: »Wird sie nicht meine Gemahlin, so will ich mein Leben verlieren.«

Hagen von Tronje, weitgereist und kundig in allerlei geheimen Dingen, gab Gunther einen Rat: »Nehmt Siegfried mit, er kann Euch bei den furchtbaren Gefahren helfen. Denn Siegfried weiß genau, wie es um Brünhild steht.«

Hagens dunkle Anspielung bezog sich auf eine klassische Liebesgeschichte, die der Dichter des Nibelungenliedes bei seinem adligen und hochgebildeten Publikum als bekannt voraussetzen konnte. Sie ist in der Edda überliefert, in der isländischen Sammlung germanischer Helden- und Göttersagen: Brünhild, so steht es in der Edda geschrieben, war eine Walküre. Sie ritt durch die Lüfte zu den Schlachtfeldern, weckte tote Helden mit Küssen und trug sie auf windschnellen Rossen nach Walhall, dem Kriegerparadies des germanischen Mythos.

Einst widersetzte sich Brünhild einem Wunsch des Göttervaters Odin, der sie zur Strafe in tiefen Schlaf versenkte und in einen Flammenring verbannte.

Der Drachentöter Siegfried – Sigurd in der Edda genannt – sprang mit seinem Hengst Grani durch den Flammenring, küßte Brünhild und löste damit den Bann des Göttervaters. Beide verliebten sich und schworen einander ewige Treue. Siegfried nahm Abschied, versprach wiederzukommen und sie als Braut heimzuführen.

Diese Vorgeschichte aus der Edda übernimmt der Nibelungendichter für sein Epos: Brünhild ist nun eine isländische Königin mit mythischen Kräf-

ten. Sie schützt sich vor lästigen Brautwerbern durch drei Wettkampfbedingungen, die nur einer erfüllen kann: Siegfried – der mythische Held.
Brünhild wartet also darauf, daß Siegfried sie als Braut heimführt in sein Reich. Siegfried aber ist in Liebe zu Kriemhild entbrannt. Und als Gunther ihn um Begleitschutz bei seiner Brautfahrt zu Brünhild bittet, hat Siegfried nur Kriemhild im Kopf: »Wenn du mir nach der Rückkehr deine Schwester zur Gemahlin gibst, dann komme ich mit.«
Gunther versprach es ihm in die Hand.

Die betrogene Braut

Zu viert starteten sie die Fahrt: Siegfried, Gunther, Hagen von Tronje und dessen Bruder Dankwart.
Am Sandstrand von Worms führten sie ihre Pferde an Bord eines Schiffes, und dann reisten sie stromabwärts zum Meer. Am 12. Tag hatten günstige Stürme sie vor Brünhilds Burg Isenstein an der isländischen Küste geführt. Königin Brünhild und viele Gefolgsdamen blickten aus den Fenstern. Sie sahen die vier Männer an Land gehen.
Siegfried fühlte sich beobachtet und versah demonstrativ einen Vasallendienst: Er hielt Zaum und Steigbügel, als König Gunther sich in den Sattel schwang. Seine Absicht war offensichtlich: Als Vasall war er kein standesgemäßer Partner für die Königin – mithin konnte Brünhild nicht erwarten, daß er sie als Braut heimführen wollte.
Dennoch begrüßte Brünhild ihn zuerst. Siegfried winkte ab: »König Gunther ist mein Herr, Ihr sollt mich nicht vor ihm willkommen heißen.« Dann wechselte er unvermittelt zum Du: »Er ist König am Rhein und verlangt dich zur Gemahlin. Mir hat er den Befehl erteilt, mitzukommen. Ich wäre lieber nicht hier. Doch ich konnte nichts dagegen tun.«
»Wenn er dein Lehnsherr ist und du sein Vasall«, sprach Brünhild, »dann will ich mit ihm kämpfen. Gewinnt er, werde ich seine Gemahlin. Verliert er, geht's ihm ans Leben.«
König Gunther hatte keine Chance gegen die mythischen Kräfte der Königin – trotzdem gewann er alle drei Disziplinen. Denn Siegfried, übermenschlich stark und unsichtbar unter seiner Tarnkappe, stand neben ihm und bestritt für ihn siegreich die Kämpfe. Und Brünhild mußte wider Willen die Gemahlin des Burgundenkönigs Gunther werden.

Hochzeitsnacht: Der König hängt an der Wand

Glanzvoll war der Empfang Brünhilds am Strand von Worms, glanzvoll die Doppelhochzeit von Gunther und Brünhild, Siegfried und Kriemhild. Doch Tränen gab es beim Festmahl im Königssaal der Burgundenburg in der hohen Halle, die den Gebäudekomplex nördlich begrenzt.
Brünhild sah Kriemhild glücklich neben Siegfried sitzen und begann zu weinen. Gunther fragte, was »den Glanz ihrer Augen trübe«. Beim folgenden Dialog ist wieder der vom Nibelungendichter so oft und wohlüberlegt eingesetzte Wechsel vom Du zum Ihr auffällig: »Deine Schwester tut mir von Herzen leid«, sprach Brünhild, »denn nun sitzt sie als Gemahlin neben deinem Vasall, deinem Eigenhold! Ich weine, weil sie so entehrt wird.«
»Schweigt jetzt still«, sagte Gunther, »ich werde Euch bei Gelegenheit erklären, warum ich Siegfried meine Schwester zur Gemahlin gegeben habe.«
»Ich würde am liebsten flüchten, um nicht mit Euch in einem Bett liegen zu müssen – so lange, bis Ihr mir sagt, warum Kriemhild nun Siegfried angehört.«
»Siegfried ist ein mächtiger König. Er hat Burgen und reiche Länder wie ich. Darum gebe ich ihm meine Schwester zur Gemahlin.«
Daß diese Beschwichtigung höchst unzufriedenstellend war, mußte Gunther erfahren, als er mit der für ihre mythischen Kräfte gefürchteten Brünhild ins königliche Schlafgemach der Burgundenburg schritt.
Sie ging mit einem weißen Leinenhemd zu Bett. Er legte sich daneben und schloß sie erwartungsfroh in die Arme.

635. Si sprach: »ritter edele,   ir sult iz lâzen stân.
des ir dâ habet gedingen,   ja'n mag es niht ergân.
ich wil noch magt belîben,   – ir sult wol merken daz –
unz ich diu mær ervinde.«   dô wart ir Gunther gehaz.

635. Sie sprach: »Vornehmer Ritter, laßt das sein. Was Ihr Euch da erhofft, wird sich gewiß nicht erfüllen. Ich will Jungfrau bleiben – das sollt Ihr Euch merken – bis ich das Geheimnis [von Kriemhilds Heirat mit Siegfried] herausgefunden habe. Da zürnte ihr Gunther sehr.

636. Dô rang er nâch ir minne   unt zerfuort' ir diu kleit.
dô greif nâch einem gürtel   diu hêrlîche meit,
daz was ein starker porte,   den si umb ir sîten truoc.
dô tet si dem künige   grôzer leide genuoc:

636. Er wollte ihre Liebe erzwingen und zerriß ihr das Hemd. Da griff die herrliche Jungfrau nach einem Gürtel aus starkem, verziertem Stoff, den sie um dieTaille gebunden trug. Und damit tat sie dem König die größte Schmach an:

637. Die füeze unt ouch die hende si im zesamne bant,
si truoc in ze einem nagele unt hienc in an die want,
do er si slâfes irrite. die minne si im verbôt.
jâ het er von ir krefte vil nâch gewunnen den tôt.

637. Die Füße und auch die Hände band sie ihm zusammen, sie trug ihn zu einem Nagel und hängte ihn an die Wand, da er sie im Schlaf gestört hatte. Sie verweigerte ihm ihre Liebe. Fürwahr, ihre Kräfte hätten ihm beinah den Tod gebracht.

638. Dô begonde vlêgen, der meister wânde sîn:
»nu lœset mîn gebende, vil edliu künegîn.
ine trûwe iu doch, schœniu frouwe nimmer an gesigen
unt sol ouch harte selten iu sô nâhen mêr geligen.«

638. Da begann er zu flehen, er, der sich als ihr Herr und Gebieter fühlen sollte: »Löst meine Fesseln, hohe Königin, ich wage es nimmermehr, schöne Herrin, Eure Liebe zu erzwingen. Auch will ich mich nicht mehr in Eure Nähe legen.«

639. Sine ruochte, wie im wære, want si vil sanfte lac.
dort muost' er allez hangen di naht unz an den tac,
unz der liehte morgen durch diu venster schein.
ob er ie kraft gewunne, diu was an sînem lîbe klein.

639. Sie kümmerte sich nicht um ihn, denn sie lag angenehm im Bett. Er mußte die ganze Nacht lang bis zum Tage hängen, bis der lichte Morgen durch das Fenster schien. Wenn er je Kräfte hatte, jetzt waren sie ihm geschwunden.

Erst als Gunther versprach, sie nie wieder zu berühren, löste sie seine Fessel. Er kauerte sich an den Rand des Bettes, so weit von Brünhild entfernt, daß er nicht einmal ihr Leinenhemd streifte.

Der Westchor: reserviert für die Elite

Wenig später schritten König Gunther und Brünhilde prunkvoll gekleidet und im Glanz ihrer Kronen und Insignien in den Dom. Dem jungvermählten Königspaar zu Ehren wurde am Tag nach der Hochzeitsnacht die Messe gelesen und gesungen, wie es Brauch war seit alters her. Siegfried und Kriemhild standen neben ihnen. Die Gefolgsleute scharten sich um beide Paare.
Schauplatz dieser Szene war der Westchor. Denn im Mittelalter galten

*Schauplatz von Königs-
messe und Bahrprobe:
der Westchor des
Wormser Domes*

strenge Etikette-Vorschriften für den Wormser Dom: Im Westchor wurde die Messe für das hohe Publikum zelebriert, für Kaiser und Könige, für weltliche und geistliche Fürsten, für Ritter und hohe Damen, für erlesene Gäste der Hof- und Reichstage. Fürs einfache Volk war der Ostchor vorgesehen, der damals schlicht und schmucklos wirkte.
Etikette-Vorschriften galten auch für die anderen Himmelsrichtungen im Gotteshaus: Das Volk mußte durchs Südportal gehen, die Elite schritt durchs Nordportal – so auch Gunther und Brünhild nach der Königsmesse, gefolgt von Siegfried, Kriemhild und den ruhmreichen Vasallen.
Draußen auf dem Turnierhof begannen sogleich Ritterspiele zu Ehren des jungvermählten Paares. Gunther wirkte bedrückt. Siegfried zog ihn beiseite: »Wie ist es Euch ergangen heute nacht?«
»Schmach und Schaden«, sagte Gunther, »ich habe mir den bösen Teufel ins Haus geholt. Statt mich zu lieben, hängte mich Brünhild gefesselt an einen Nagel an die Wand. Das sage ich dir im Vertrauen.«
Siegfried hatte eine Idee: »Ich werde es schaffen, daß Brünhild sich heute Nacht deiner Liebe nicht widersetzt. Mit meiner Tarnkappe komme ich ins Schlafgemach, unsichtbar, so daß niemand meine List durchschaut. Ich lösche die Kerzen – und dann werde ich Brünhild an deiner Stelle bezwingen, so daß du sie heute nacht noch lieben kannst – oder ich will mein Leben verlieren.«

Tauschmanöver im Ehebett

Gunther konnte den Abend kaum erwarten. So bald wie möglich begab er sich mit Brünhild ins königliche Schlafgemach der Burgundenburg. Siegfried, unsichtbar unter der Tarnkappe, war schon da und löschte die Kerzenlichter. Gunther zog sich im Dunkeln zurück. Siegfried übernahm seine Rolle und legte sich zu Brünhild ins Bett. »Laßt das, Gunther«, sprach Brünhild sogleich. »Ansonsten bekommt Ihr wieder solchen Ärger wie heute nacht.«

668. Er gebârte, sam ez wære Gunther der künic rîch.
er umbeslôz mit armen die maget lobelîch.
sie warf in ûz dem bette dâ bî ûf eine banc,
daz im sîn houbet lute an einem schamel erklanc.

668. Siegfried tat so, als sei er der mächtige König Gunther. Er umklammerte die vielgepriesene Jungfrau mit seinen Armen. Sie warf ihn aus dem Bett auf eine Bank, so daß sein Kopf laut an einen Schemel dröhnte.

669. Wider ûf mit kreften sprance der küene man.
er wold' iz baz versuochen. dô er des began,
daz er si wolde twingen, dar umbe wart im vil wê.
solch wer von deheiner frouwen diu wæn ich immer mêr ergê.

669. Mit voller Kraft sprang der kühne Mann wieder auf. Er wollte es besser versuchen. Als er sie zu bezwingen begann, erging es ihm übel. So ungebärdig hat sich, meine ich, noch nie eine vornehme Frau zur Wehr gesetzt.

670. Do er niht wold' erwinden, diu maget ûf dô spranc:
»ir ensult mir niht zerfüeren mîn hemde sô blanc.
ir sît vil ungefüege, daz sol iu werden leit.
des bringe ich iuch wol innen«, sprach diu wætlîche meit.

670. Da er nicht ablassen wollte, sprang die Jungfrau auf. »Ihr sollt mir mein weißes Hemd nicht zerreißen. Ihr benehmt Euch unverschämt. Das sollt Ihr mir noch büßen! Ich werde es Euch schon noch zeigen«, sprach das wunderbare Mädchen.

671. Si beslôz mit armen den tiuwerlîchen degen.
dô wold' si in gebunden alsam den künic legen,
daz si an dem bette möhte haben gemach.
daz er ir die wât zerfuorte, diu frouwe iz grœzlîchen rach.

671. Sie umklammerte mit ihren Armen den herrlichen Helden und wollte ihn wie den König [Gunther] fesseln, damit sie endlich im Bett ihre Ruhe habe. Dafür, daß er ihre Kleider zerrissen hatte, rächte sich die Herrin jetzt schrecklich.

672. Waz half sîn grôziu sterke unt ouch sîn michel kraft?
si erzeigete dem degene ir lîbes meisterschaft.
si truoc in mit gewalte – daz muos' et alsô sîn –
unt drucht' in ungefuoge zwischen die want und ein schrîn.

672. Was halfen ihm seine große Stärke und seine riesige Kraft? Sie zeigte dem Ritter ihre körperliche Überlegenheit, packte ihn mit Gewalt – es ließ sich nicht verhindern – und preßte ihn voll Wucht zwischen die Wand und den Schrank.

673. »Owê«, dâht' der recke, »sol ich nu mînen lîp
von einer magt verliesen, sô mugen elliu wîp
her nâch immer mêre tragen gelpfen muot
gegen ir manne, diu ez sus nimmer getuot.«

673. »O Schmach«, dachte der Recke, »wenn ich jetzt von einer Jungfrau umgebracht werde, so werden hinfort alle anderen Frauen ihren Übermut an ihren Männern auslassen, auch solche, die es sonst nicht getan hätten.«

674. Der künic ez wol hôrte, er angeste umb den man.
Sîfrit zürnte sêre shamen er sich began.
mit ungefüeger krefte sazt er sich wider.
er versuocht' ez angestliche an froun Prünhilde sider.

674. Der König [Gunther] hörte alles mit und bangte um den Freund. Siegfried zürnte sehr und begann sich zu schämen. Mit ungeheuren Kräften setzte er sich zur Wehr. Er versuchte verzweifelt, die Herrin Brünhild zu überwinden.

675. Den künic ez dûhte lange, ê er si betwanc.
si druht' im sîne hende, daz ûz den nageln spranc
daz bluot im von ir krefte. daz was dem helde leit.
sît brâht' er an ein lougen die vil hêrlîchen meit

675. Dem König [Gunther] schien es lang zu dauern, bis Siegfried sie bezwang. Sie preßte seine Hände mit solcher Gewalt, daß ihm das Blut aus den Nägeln spritzte. Der Held hatte große Schmerzen. Doch gleich drauf brachte er die wunderbare Jungfrau zum Widerruf …

676. ir ungefüeges willen, des si ê dâ jach.
der künic iz allez hôrte, swie er niht ensprach.
er druhtes' an daz bette, daz sie vil lûte schrê,
ir tâten sîne krefte harte grœzlîchen wê.

676. … der üblen Schmähungen, die sie vorher ausgestoßen hatte. Der König [Gunther] hörte alles, auch wenn Siegfried kein Wort sagte. Er [Siegfried] preßte sie ans Bett, so daß sie laut schrie, seine Kräfte fügten ihr große Schmerzen zu.

677. Dô greif si hin z'ir sîten, dâ si den porten vant,
unt wold' in hân gebunden. dô wert' ez sô sîn hant,
daz ir diu lit erkrachten unt ouch al der lîp.
des wart der strît gescheiden: dô wart si Guntheres wîp.

677. Da griff sie an ihre Taille nach dem Gürtel und wollte Siegfried fesseln. Er aber wehrte sich so sehr, daß ihre Glieder und der ganze Körper krachten. Damit war der Kampf entschieden: Da war sie Gunthers Weib.

Siegfried erhob sich. Er ließ sie liegen, streifte ihr unbemerkt den Ring vom Finger, nahm ihr den Gürtel, zog sich zurück – und flugs legte sich Gunther zu Brünhild ins Bett. Ihr Widerstand war gebrochen. Sie liebten sich bis zum Morgengrauen.

Vor dem Nordportal: der Streit der Königinnen

Siegfried reiste mit Kriemhild heim auf die Burg nach Xanten und erhielt von seinem Vater Sigmund die »krône, gerihte und ouch das lant« – Krone, Gerichtsbarkeit und alle Ländereien. Kriemhild erwies sich als beliebte Landesherrin, sie gebar einen Sohn, der nach seinem königlichen Oheim Gunther genannt wurde.
Brünhild indessen – Mutter eines Sohnes namens Siegfried geworden – hegte nach wie vor Verdacht wegen Siegfrieds angeblicher Vasallenrolle.
Sie wollte die Wahrheit auf eigene Faust ergründen und forderte von Gunther, er möge Siegfried und Kriemhild ins Land laden. Gunther ahnte Probleme, zögerte zunächst, gab dann aber dem Drängen Brünhilds nach, und so trafen Siegfried und Kriemhild als Gäste des Burgundenkönigs in Worms ein, begleitet von König Sigmund, Markgraf Eckewart, 500 Recken und 32 Hofdamen. Den Sohn hatten sie in Xanten gelassen.
Gelegentlich eines Ritterspiels auf dem Turnierhof vor dem Burgundenpalast kam das heikle Thema zwischen den Königinnen zur Sprache. Der Dialog spitzte sich zu. Brünhild stellte klar: Gunther sei König, Siegfried sein Vasall, daran gäbe es keinen Zweifel, beide hätten es ihr damals auf Island gesagt.
Kriemhild geriet in Zorn und kündigte eine Machtprobe an: Beim nächsten Kirchgang werde sie es wagen, als erste den Dom zu betreten – vor Brünhild, der Landesherrin und Gemahlin des Königs. Damit sei vor aller Augen bewiesen, daß Siegfried König ist und noch viel mächtiger als Gunther!
Schauplatz der folgenden Szene ist das Nordportal des Wormser Domes. Zahlreiche Gefolgsmänner standen schon dort. Sie wunderten sich, daß Kriemhild und Brünhild nicht gemeinsam zum Dom schritten wie sonst üblich – sondern getrennt, jede an der Spitze ihrer Gefolgsscharen.

838. Zesamne si dô kômen   vor dem münster wît.
ez tet diu hûsfrouwe   durch einen grôzen nît,
si hiez vil übellîche   Kriemhilde stille stân:
»jâ sol vor küniges wîbe   nimmer eigen diu gegân.«

838. Sie trafen vor dem großen Münster zusammen. Die von großem Haß erfüllte Landesherrin hieß Kriemhild in scharfem Ton, stehen zu bleiben: »Wahrlich, vor des Königs Gemahlin soll niemals das Weib eines Leibeigenen gehen.«

839. Dô sprach diu schœne Kriemhilt,   zornec was ir muot:
»kundestu noch geswîgen,   daz wære dir guot.
du hâst geschendet selbe   den dînen schœnen lîp:
wie möhte mannes kebse   werden immer küniges wîp?«

839. Da sprach die schöne Kriemhild, sie war hocherzürnt: »Hättest du nur geschwiegen, das wäre für dich gut gewesen. Denn jetzt hast du Schande gebracht über dich. Wie konnte jemals die Kebse [Nebenfrau] eines Leibeigenen die Gemahlin des Königs werden?«

840. »Wen hâstu hie verkebset?«   sprach dô des küniges wîp.
»daz tuon ich dich«, sprach Kriemhilt.   »den dînen schœnen lîp
den minnet' êrste Sîfrit,   der mîn vil lieber man.
jane was ez niht mîn bruoder,   der dir den magetuom an gewan.

840. »Wen bezichtigst du als Kebse?« sprach die Gemahlin des Königs. »Dich nenne ich so«, sprach Kriemhild, »denn mit dir hat Siegfried als erster geschlafen, mein herzlieber Gemahl. Es war überhaupt nicht mein Bruder Gunther, der dir die Jungfernschaft genommen hat.

841. War kômen dîne sinne?   ez was ein arger list!
zwiu lieze du in minnen,   sît er dîn eigen ist?
ich hœre dich«, sprach Kriemhilt,   »ân alle schulde klagen.«
»entriuwen«, sprach dô Prünhilt,   »daz wil ich Gunthere sagen.«

841. Warst du von Sinnen damals? Es war eine Heuchelei von dir. Wieso hast du zugelassen, daß er mit dir schläft, wenn er doch dein Eigenhold ist? Ich höre dich«, sprach Kriemhild weiter, »ohne jede Veranlassung klagen.« – »Bei Gott«, sprach Brünhild, »das werde ich Gunther sagen.«

Schauplatz des Streits der Königinnen: das Nordportal des Wormser Domes

VON NUN AN BLÜHE DEIN RUHM
DIR WERDE DER LOHN DEINER EHRE
WEIL DU O WORMS KLUG UND GETREU DICH BEWAHRST
DICH HAT DAS KREUZ MIR GEWEIHT
DICH HAT DAS SCHWERT MIR GESCHENKT
PETRUS DEIN GUTER PATRON GEWÄHRE DIR SICHEREN SCHUTZ

842. »Waz mac mir daz gewerren? dîn übermuot dich hât betrogen.
du hâst mich ze dienste mit rede dich an gezogen.
daz wizze in rehten triuwen, ez ist mir immer leit.
getriuwer heinlîche sol ich dir wesen umbereit.«

842. »Was kümmert's mich? Dein Hochmut hat dich irregeleitet. Du hast mit deinem Gerede behauptet, mich für Dienstleistungen beanspruchen zu können. Du sollst es genau wissen: ich werde die Beleidigung nie vergessen. Zu freundschaftlicher Vertraulichkeit dir gegenüber bin ich nicht mehr bereit [ich werde das Geheimnis deiner Nacht mit Siegfried nicht weiter verheimlichen].«

843. Prünhilt dô weinde. Kriemhilt niht langer lie:
vor des küniges wîbe inz münster si dô gie
mit ir ingesinde. dâ huop sich grôzer haz:
des wurden liehtiu ougen vil starke trüeb unde naz.

843. Da weinte Brünhild. Kriemhild zögerte nicht länger: Vor der Gemahlin des Königs schritt sie ins Münster mit ihrem Gefolge. Damit begann eine Todfeindschaft: Viele strahlende Augen wurden deshalb traurig und naß.

Im Westchor hörten sie die Messe. Brünhild konnte kaum den Schlußsegen erwarten. Sie war außer sich und wollte eine neuerliche Konfrontation mit Kriemhild herausfordern. Nach dem Gottesdienst ging der Streit vor dem Nordportal weiter:

845. Prünhilt gi mit ir frouwen für daz münster stân.
si gedâhte: »mich muoz Kriemhilt mêre hœren lân,
des mich sô lûte zîhet daz wortræze wîp.
hât er sichs gerüemet, ez gêt an Sîfrides lîp.«

845. Brünhild schritt mit den Damen ihres Gefolges vor das Münster. Sie dachte bei sich: »Kriemhild muß mich noch mehr hören lassen über das, was sie mir öffentlich unterstellt, dieses scharfzüngige Weib. Hat sich Siegfried wirklich dessen gerühmt – dann geht es ihm ans Leben.«

846. Nu kom diu edele Kriemhilt mit manigem küenem man.
dô sprach diu frouwe Prünhilt: »ir sult noch stille stân.
ir jâhet mîn ze kebesen. daz sult ir lâzen sehen.
mir ist von iuwern sprüchen, daz wizzet, leide geschehen.«

846. Nun kam die edle Kriemhild mit ihrem Gefolge kühner Männer. Da sprach Brünhild, die Herrin: »Bleibt stehen! Ihr habt mich Kebse geheißen. Das sollt Ihr beweisen! Ihr habt mir mit Euren Worten, das sollt Ihr wissen, eine große Schmach angetan.«

847. Dô sprach diu frouwe Kriemhilt: »ir möhtet mich lâzen gân.
ich erziugez mit dem golde, daz ich an der hende hân:
daz brâhte mir mîn vriedel, do er êrste bî iu lac.«
nie gelebte Prünhilt deheinen leideren tac.

847. Da sprach die Herrin Kriemhild: »Ihr sollt mich besser in Ruhe lassen. Ich bezeuge es mit dem Goldring, den ich an meiner Hand habe: Den brachte mir mein Liebster, nachdem er als erster mit Euch geschlafen hat.« Nie im Leben fühlte sich Brünhild tiefer gedemütigt.

848. Si sprach: »diz golt vil edele daz wart mir verstoln
und ist mich harte lange vil übele vor verholn.
ich kum es an ein ende, wer mir ez hât genomen.«
die frouwen wâren beide in grôz ungemüete komen.

848. Sie sprach: »Dieser wertvolle Ring ist mir gestohlen worden, und aus übler Absicht hat man ihn mir sehr lange vorenthalten. Ich komme noch dahinter, wer ihn genommen hat.« Die beiden Herrinnen hatten sich in äußerste Empörung hineingesteigert.

849. Dô aber sprach Kriemhilt: »ine wils niht wesen diep.
du möhtes wol gedaget hân, und wære dir êre liep.
ich erziugez mit dem gürtel, den ich hie umbe hân,
daz ich niht enliuge: jâ wart mîn Sîfrit din man.«

849. Da aber sprach Kriemhild: »Ich lasse nicht zu, daß du mich als Diebin bezichtigst. Du hättest besser geschwiegen, wenn dir deine Ehre wert wäre. Ich bezeuge es mit dem Gürtel, den ich hier umgebunden habe, daß ich nicht lüge: Ja freilich war mein Siegfried dein [erster] Mann.«

Brünhild sah den Gürtel und begann zu weinen. »Bringt mir König Gunther her«, rief sie.

Todesurteil vor der Kirchentür

Gunther schritt an der Spitze seiner Gefolgsmänner auf sie zu. Er vernahm von Kriemhilds indiskretem Gerede und ließ Siegfried herbeiholen, der, mit den Vorwürfen konfrontiert, unverzüglich zu schwören bereit war: »daz ich irs niht gesaget hân« – »Daß ich es ihr [Kriemhild] nicht gesagt habe.«

859. Dô sprach der künic von Rîne: »daz soltu lâzen sehen.
den eit, den du dâ biutest, unt mac der hie geschehen,
aller valschen dinge wil ich dich ledic lân.«
dô hiez man zuo dem ringe die stolzen Burgonden stân.

859. Da sagte der König vom Rhein [Gunther]: »Das sollst du vor allen beweisen. Wenn du den Eid, den du zu leisten anbietest, hier schwörst, dann will ich dich von allen falschen Vorwürfen freisprechen.« Die stolzen Burgunden wurden aufgerufen, einen Ring [um die Könige] zu bilden.

860. Sîfrit der vil küene zem eide bôt die hant.
dô sprach der künic rîche: »mir ist sô wol bekant
iuwer grôz unschulde. ich wil iuch ledic lân,
des iuch mîn swester zîhet, daz ir des niene habt getân.«

860. Siegfried, der Kühne, hob die Hand zum Schwur. Da sprach der mächtige König [Gunther]: »Ich weiß wohl, daß Ihr unschuldig seid. Ich will Euch freisprechen von dem, was Euch meine Schwester unterstellt, und erkläre: Ihr habt es nicht getan!«

861. Dô sprach aber Sîfrit: »geniuzet es mîn wîp,
daz si hât betrüebet den Prünhilde lîp,
daz ist mir sicherlîchen âne mâze leit.«
dô sâhen zuo z'ein ander die guoten ritter gemeit.

861. Da aber sprach Siegfried: »Käme Kriemhild ungestraft davon, daß sie Brünhild so betrübt hat, dann wäre das für mich selbst gewiß sehr bedauerlich.« Da blickten die tapferen Ritter einander bedeutsam an.

862. »Man sol sô frouwen ziehen«, sprach Sîfrit der degen,
»daz si üppeclîche sprüche lâzen under wegen.
verbiut ez dînem wîbe, der mînen tuon ich sam.
ir grôzen ungefüege ich mich wærlîche sham.«

862. »Man soll Frauen so in Zucht halten«, sprach Siegfried, der Held, »daß sie übermütiges Geschwätz allenthalben unterlassen. Verbiete du es deiner Gemahlin, ich will's bei meiner tun. Ich schäme mich wahrlich für ihr standeswidriges Verhalten.«

863. Mit rede was gescheiden manic schœne wîp.
dô trûret' alsô sêre der Prünhilde lîp,
daz ez erbarmen muose die Guntheres man.
dô kom von Tronege Hagene zuo sîner frouwen gegân.

863. Mit Worten haben sich schon oft schöne Frauen entzweit. Da war Brünhild so traurig, daß Gunthers Gefolgsleute sich ihrer erbarmten. Da trat Hagen von Tronje auf seine Herrin zu:

864. Er vrâgete, waz ir wære; weinende er si vant.
dô sagte si im diu mære. er lobt' ir sâ zehant,
daz ez erarnen müese der Kriemhilde man,
oder er wolde nimmer dar umbe vrœlîch gestân.

864. Er fragte, was ihr wäre; denn er sah sie weinen. Da erzählte sie ihm die ganze Geschichte. Er gelobte sogleich, daß Kriemhilds Gemahl büßen müsse – sonst wollte er, Hagen, niemals wieder fröhlich sein.

Daß Siegfried seinen Schwur vor dem Nordportal leistete und dort freigesprochen wurde, ist kein Zufall: Im Mittelalter war es üblich, weltliche und kirchliche Rechtshandlungen vor Dom-Portalen zu vollziehen. Das Nordportal des Wormser Domes wurde als Schwur- und Gerichtsstätte sogar ausdrücklich deklariert: von Kaiser Friedrich Barbarossa, als er 1184 in Worms weilte und der Stadt die große Freiheitsurkunde übergab.
Mit Schwur und Freispruch beschreibt der Dichter also Szenen, die vor dem Nordportal gang und gäbe waren und die er sicherlich beobachtet hat. Auch daß ein Ritter beim Eid von standesgemäßen Zeugen umringt wird – wie Siegfried im Nibelungenlied –, entsprach mittelalterlicher Rechtsgepflogenheit.
Und Hagens Gelöbnis, Siegfried büßen zu lassen, gewinnt vor dem Nordportal an Gewicht: Der Racheschwur ist ein Urteil. – Das Todesurteil für Siegfried.

Sinnbild böser Mächte:
Ungeheuer vor dem Dom

Das Geheimnis der verwundbaren Stelle

Hagen plante Mord. Er wußte: Siegfried war nach dem Bad im Drachenblut mit einer schützenden Hornhaut bedeckt, aber an einer Stelle verwundbar. Wo, das mußte er von Kriemhild durch List erfahren. Er sagte zu König Gunther: »Wir befehlen mehrere hierorts unbekannten Boten, eine falsche Kriegserklärung ins Land zu bringen. Ihr ruft Eure Gefolgsleute für einen Heerzug zusammen und zeigt Euch besorgt von der Übermacht des Feindes. Siegfried wird Euch als Freund sogleich seine Hilfe zusichern. Kriemhild wird in Angst um ihn geraten – und ich werde ihr das Geheimnis seiner verwundbaren Stelle entlocken.«

König Gunther war einverstanden.

Alles verlief nach Plan: 32 falsche Boten brachten die fingierte Kriegserklärung, Siegfried fiel darauf herein und bot seine Hilfe an.

Am Tag vor der Abreise erschien Hagen bei Kriemhild in ihrer Kemenate. Geschickt führte er das Gespräch, und Kriemhild kam erwartungsgemäß auf ihre Sorge um Siegfried zu sprechen: »Er wäre völlig unverwundbar – wenn er sich nicht von seiner Tollkühnheit hinreißen ließe.«

897. »Frouwe«, sprach dô Hagene, »unt habt ir des wân,
daz man in müge versnîden: ir sult mich wizzen lân,
mit wie getânen listen ich daz sol understên.
ich wil im ze huote immer rîten unde gên.«

897. »Herrin«, sprach da Hagen, »wenn Ihr je Argwohn habt, daß man ihn verwunden könnte: dann laßt mich wissen, mit welch klugen Künsten ich das verhindern kann. Ich will ihn immer beschützen, im Reiterkampf wie im Kampf zu Fuß.«

898. Si sprach: »du bist mîn mâc, sô bin ich der dîn.
ich bevilhe dir mit triuwen den lieben wine mîn,
daz du mir wol behüetest den mînen holden man.«
si sagt' im kundiu mære, diu bezzer wæren verlân.

898. Sie sprach: »Du bist zu mir verwandt wie ich zu dir. Um dieser Treuepflicht willen vertraue ich dir meinen lieben Gemahl an, daß du ihn mir gut beschützest, meinen lieben Mann« Und dann verkündete sie ihm das ihr bekannte Geheimnis, das besser nie verraten worden wäre.

899. Si sprach: »mîn man ist küene unt dar zuo stare genuoc.
dô er den lintrachen an dem berge sluoc:
jâ badete sich in dem bluote der recke vil gemeit,
dâ von in sît in stürmen nie dehein wâfen versneit.

899. Sie sprach: »Mein Mann ist kühn und außerordentlich stark. Als er den Drachen an jenem Berg erschlug: Ja, da badete sich der stolze Held tatsächlich im Drachenblut, und deshalb konnte ihn seither im härtesten Kampf keine Waffe verwunden.

900. Iedoch bin ich in sorgen, swenn er in strîte stât
und vil der gêrschüzze von helden hande gât,
daz ich dâ verliese den mînen lieben man.
hey waz ich grôzer sorge dicke umbe Sîfriden hân!

900. Dennoch bin ich in Sorge, wenn er im Kampfe steht und viele Speere von Helden geschleudert werden, daß ich meinen geliebten Gemahl verliere. Ach – welch große Sorge habe ich um Siegfried!

901. Ich meld iz ûf genâde, vil lieber vriunt,
daz du dîne triuwe behaltest ane mir.
dâ man dâ mac verhouwen den mînen lieben man,
daz lâz' ich dich hœren. deist ûf genâde getân.

901. Ich verrate es dir, lieber Freund, im Vertrauen auf deine unverbrüchliche Treue zu mir. Wo man meinen lieben Mann tödlich treffen kann, das lasse ich dich jetzt hören. Ich sage es dir im vollen Vertrauen.

902. Dô von des trachen wunden vlôz daz heize bluot
und sich dar inne badete der küene ritter guot:
dô viel im zwischen die herte ein lindenblat vil breit.
dâ mac man in versnîden. des ist mir sorgen vil bereit.«

902. Als aus den Wunden des Drachens das heiße Blut hervorquoll und der kühne Recke darin badete: da fiel ihm zwischen die Schulterblätter ein großes Lindenblatt. Dort kann man ihn verwunden – deshalb bin ich in so großer Sorge.«

903. Dô sprach von Tronege Hagene: »ûf daz sîn gewant
næt ir ein kleinez zeichen. dâ ist mir bî bekant
wâ ich in müge behüeten, sô wir in sturme stân.«
si wânden helt dô vristen. ez was ûf sînen tôt getân.

903. Da sprach Hagen von Tronje: »Näht auf sein Gewand ein kleines Zeichen. Daran erkenne ich, wo ich ihn beschützen möge, wenn wir nebeneinander kämpfen.« Kriemhild glaubte so das Leben des Helden beschützt – doch gerade das brachte ihm den Tod.

904. Si sprach: »mit kleinen sîden næ ich ûf sîn gewant
ein tougenlîchez kriuze. dâ sol, helt, dîn hant
den mînen man behüeten, so ez an die herte gât,
swenn er in den stürmen vor sînen vianden stât.«

904. Sie sprach: »Mit feiner Seide nähe ich auf das Gewand ein geheimnisvolles [in seiner Bewandtnis nur dir verständliches] Kreuz. Dort sollst du, Held, meinen Gemahl beschützen, wenn es hart hergeht, wenn er in Kämpfen vor seinen Feinden steht.«

905. »Daz tuon ich«, sprach dô Hagene, »vil liebiu frouwe mîn.«
dô wând' ouch des diu frouwe, ez sold' im vrume sîn. –
dô was dâ mit verrâten der Kriemhilde man.
urloup nam dô Hagene, dô gie er vrœlîche dan.

905. »Das will ich gerne tun, meine teure Herrin«, sprach Hagen. Daraufhin wähnte die Herrin, daß alles zu Siegfrieds Schutz geschehen sei. – Doch damit war Kriemhilds Gemahl verraten. Hagen nahm Abschied und ging frohlockend davon.

Wettlauf in den Hinterhalt

Am nächsten Morgen war das Kriegsheer zum Abmarsch bereit. Kaum hatte Hagen das gestickte Kreuz auf Siegfrieds Gewand erblickt – schon ließ er fremde Ritter mit einer vorher abgesprochenen Botschaft aufmarschieren: Die Kriegserklärung sei widerrufen. Der Heerzug wurde abgeblasen.
Siegfried war über das entgangene Abenteuer verdrossen. König Gunther, in Hagens Intrigenspiel eingeweiht, schlug als Ersatz eine Bären- und Wildschweinjagd im Wasgenwald vor, und Siegfried sagte freudig zu.
Die Jagdgesellschaft setzte mit Pferden ans östliche Rheinufer über, ritt eine Weile landeinwärts und lagerte auf einer Halbinsel. Von dort streiften die Jäger in den Wald. Beim anschließenden Festmahl gab es reichlich zu essen, aber nichts zu trinken. Denn Hagen hatte die Weinfässer in den »Spehtshart« gesandt, angeblich aus Versehen, tatsächlich aus Absicht. Mit »Spehtshart« ist eine der vielen Fluren und Gemarkungen dieses Namens östlich des Rheins gemeint, nicht der allgemein bekannte Spessart nördlich des Mains.
»Ich weiß in der Nähe eine kühle Quelle«, sagte Hagen zu Siegfried und Gunther, »laßt uns dorthin eilen und trinken.«
Siegfried war durstig und wollte schnell zur Quelle gehen. Von weitem war schon die Linde zu sehen, die dort stand.
Hagen hielt inne. »Ich habe oft gehört«, sagte er, »daß Siegfried als Läufer schneller sei als alle anderen. Das möge er uns jetzt beweisen.«
»So laßt uns zu der Linde um die Wette laufen«, sagte Siegfried. Hagen und

Rechts: Mord beim Lintbrunno? Der Lindelbrunnen von Hiltersklingen

Der Lindelbrunnen
An diesem Brunnen soll der Überlieferung nach
Siegfried erschlagen worden sein.

*Rechts:
Mord in Otenhein?
Der Siegfriedbrunnen
von Odenheim*

Gunther legten Kleider und Waffen ab und liefen in weißen Hemden. Siegfried wollte ihnen eine Chance geben und trug beim Wettrennen sein Jagdgewand, seinen Schild, den Speer, sein Schwert und Pfeil und Bogen. Trotzdem kam er mit großen Vorsprung bei der Quelle an.
Er bezähmte seinen Durst, denn Gunther war Landesherr, ihm gehörte der Vortritt. Siegfried wartete auf ihn, wie es die »zuht« gebot, die höfische Erziehung des Ritters – und das wurde ihm zum Verhängnis. Denn nun hatte Hagen genügend Zeit für seine Vorbereitungen. Während Gunther trank, versteckte er heimlich Siegfrieds Schwert Balmung, die Pfeile und den Bogen. Den Speer ließ er an der Linde stehen. Den Schild wegzutragen hatte er keine Zeit mehr. Der Moment war gekommen. Siegfried trat zur Quelle. Hagen ergriff hinterrücks den Speer und faßte das eingestickte Kreuz ins Auge.

Der Mord unter dem Lindenbaum

981. Dâ der herre Sîfrit ob dem brunnen tranc,
er schôz in durch das kriuze, daz von der wunden spranc
daz bluot im von dem herzen vaste an Hagenen wât.
sô grôze missewende ein helt nimmer mêr begât.

981. Als Herr Siegfried über die Quelle gebückt trank, schoß Hagen ihm durch das Kreuzzeichen, so daß aus der Wunde das Blut aus dem Herzen bis an Hagens Wams spritzte. Eine so große Freveltat begeht ein Held nimmermehr.

982. Den gêr im gein dem herzen stecken er dô lie.
alsô grimmeclîchen ze flühten Hagen nie
gelief noch in der werlde vor deheinem man.
dô sich der herre Sîfrit der grôzen wunden versan,

982. Er ließ den Speer im Herzen stecken. Hagen flüchtete so schreckerfüllt, wie er noch nie vor einem Mann geflohen war. Als nun Herrn Siegfried bewußt wurde, wie schwer verwundet er war…

983. der herre tobelîchen von dem brunnen spranc.
im ragete von dem herzen ein gêrstange lanc.
der fürste wânde vinden bogen oder swert.
sô müese wesen Hagene nâch sînem dienste gewert.

983. … sprang er in äußerster Wut von der Quelle auf. Aus dem Herzen ragte ein langer Speerschaft. Der Fürst glaubte Bogen oder Schwert zu finden. Dann wäre Hagen seine Vasallentat entsprechend entlohnt worden.

GESTIFTET VON
S. ODENHEIMER USA.
ERBAUT UNTER
BÜRGERMEISTER VOGEL
1932
SIEGFRIEDSBRUNNEN

984. Dô der sêre wunde des swertes niht envant,
done het et er niht mêre wan des schildes rant.
er zuht' in von dem brunnen, dô lief er Hagenen an.
done kunde im niht entrinnen des künic Guntheres man.

984. Als der Schwerverletzte sein Schwert nicht fand, hatte er nichts anderes als seinen Schild. Er riß ihn von der Quelle hoch, er rannte gegen Hagen an. Da konnte nicht mehr entkommen der Versall des Königs Gunther.

985. Swie wunt er was zem tôde, sô krefticlîch er sluoc,
daz ûz dem schilde dræte genuoc
viel des edelen gesteines. der schilt vil gar zerbrast.
sich hete gerne errochen der vil hêrlîche gast.

985. Wenngleich todwund, so schlug Siegfried doch mit solcher Wucht zu, daß alle Edelsteine aus dem Schild herausbrachen. Der Schild zerbarst völlig. Gerne gerächt hätte sich der herrliche Held.

986. Dô was gestrûchet Hagene vor sîner hant ze tal.
von des slages krefte der wert vil lût' erhal.
het er daz swert enhende, sô wær ez Hagenen tôt.
sô sêre zurnt' der wunde, des gie im wærlîchen nôt.

986. Da war Hagen zu Boden gestrauchelt, niedergeworfen von Siegfried. Die Wucht des Schlages widerhallte laut über den Werder. Hätte Siegfried sein Schwert in der Hand gehalten, so wäre das Hagens Tod gewesen. So sehr tobte der Todwunde, und er hatte allen Grund dazu.

987. Erblichen was sîn varwe: ern kunde niht gestên.
sînes lîbes sterke muose gar zergên,
wand er des tôdes zeichen in liehter varwe truoc.
sît wart er beweinet von schœnen frouwen genuoc.

987. Seine Farbe war verblichen, er konnte nicht mehr stehen. Seine Kräfte vergingen, denn in die leuchtende Blässe prägte sich des Todes Zeichen. Später wurde er beweint von vielen Frauen.

988. Dô viel in die bluomen der Kriemhilde man.
daz bluot von sîner wunden sach man vil vaste gân.
dô begonde er schelten – des gie im grôziu nôt –
die ûf in gerâten heten den ungetriuwen tôt.

988. Er sank in die Blumen, Kriemhilds Gemahl. Das Blut aus seinen Wunden sah man unablässig strömen. Da begann er in seiner Todesnot die anzuklagen, die den heimtückischen Mord geplant hatten.

989. Dô sprach der verchwunde: »jâ ir vil bœsen zagen,
was helfent mîniu dienest daz ir mich habet erslagen?
ich was iu ie getriuwe. des ich engolten hân!
ir habt an iuwern mâgen leider übele getân.

989. Da sagte der Todwunde: »Ihr wahrlich erbärmlichen Feiglinge, was helfen mir meine Freundschaftsdienste, da Ihr mich doch erschlagen habt. Ich war Euch immer ein treuer Freund. Das muß ich nun büßen! Ihr habt Schande gebracht über Euer ganzes Geschlecht.

990. Die sint dâ von bescholten, swaz ir wirt geborn
her nâch disen zîten. ir habet iuwern zorn
gerochen al ze sêre an dem lîbe mîn.
mit laster ir gescheiden sult von guoten recken sîn.«

990. Von jetzt bis in alle Ewigkeit sind alle mit Schuld beladen, die aus Eurem Geschlecht geboren werden. In Eurem Zorn habt Ihr unmäßige Rache an mir geübt. Mit Schande sollt Ihr aus dem Stand der ehrenhaften Recken verstoßen sein.«

991. Die ritter alle liefen, dâ er erslagen lac.
ez was ir genuogen ein vreudelôser tac.
die iht triuwe hêten, von den wart er gekleit.
daz het wol verdienet der ritter küen unt gemeit.

991. Alle Ritter liefen nun dorthin, wo er erschlagen lag. Es war für sie ein Unglückstag. Wer immer ein Gewissen hatte, von denen wurde Siegfried beklagt. Das hat er wohl verdient, der kühne und stolze Ritter.

992. Der künic von Burgonden klagte sînen tôt.
dô sprach der verchwunde: »ez ist âne nôt,
daz der nâch schaden weinet, der in hât getân.
der dienet michel schelten. ez wære bezzer verlân.«

992. Sogar der König von Burgunden [Gunther] beklagte seinen Tod. Da sprach der Todwunde: »Es ist unnötig, daß der den Mord beweint, der ihn verübt hat. Er verdient vielmehr, geschmäht zu werden. Laßt es [das Klagen] lieber bleiben.«

993. Dô sprach der grimme Hagenc: »jane weiz ich, waz ir kleit.
allez hât nu ende unser sorge unt unser leit.
wir vinden ir vil wênic, die getürren uns bestân.
wol mich, deich sîner hêrschaft ze râte hân getân.«

993. Da sprach der grimmige Hagen [zu Gunther]: »Ich weiß nicht, was Ihr da herumjammert. Es ist nun ein für allemal Schluß mit unseren Sorgen und unserem Leid. Nun gibt es nur wenige, die sich mit uns zu messen unterstehen. Ich bin stolz, daß ich seiner Herrschaft ein Ende gemacht habe.«

998. Die bluomen allenthalben von bluote wurden naz.
dô rang er mit dem tôde. unlange tet er daz,
want des tôdes wâfen je ze sêre sneit.
dô mohte reden niht mêre der recke küen unt gemeit.

998. Überall wurden die Blumen naß von Blut. Er rang mit dem Tode – doch nicht lange, denn die Waffe des Todes verletzt immer zu schwer. Er konnte nicht mehr reden, der kühne und stolze Recke.

999. Dô die herren sâhen, daz der helt was tôt,
si leiten in ûf einen schilt, der was von golde rôt,
und wurden des ze râte, wie daz sold ergân,
daz man ez verhæle, daz ez hete Hagene getân.

999. Als die Ritter sahen, daß der Held tot war, legten sie ihn auf einen Schild, rot von Gold, und beratschlagten, wie es geschehen könnte, zu verhehlen, daß Hagen es getan hatte.

1000. Dô sprâchen ir genuoge: »uns ist übel geschehen.
ir sult ez heln alle unt sult gelîche jehen:
da er rite eine jagen, der Kriemhilde man,
in slüegen schâchære, dâ er füere durch den tan.«

1000. Da sagten viele: »Wir wurden in eine üble Sache hineingezogen. Ihr sollt alles verhehlen und übereinstimmend bezeugen: daß Kriemhilds Gemahl von Räubern erschlagen ward, als er allein jagte und durch den Tann ritt.«

1001. Dô sprach von Tronege Hagene: »ich bring in in daz lant.
mir ist vil unmære, und wirt ez ir bekant,
diu sô hât betrüebet den Prünhilde muot.
ez ahtet mich vil ringe, swaz si weinens getuot.«

1001. Da sprach Hagen von Tronje: »Ich bringe ihn zu uns [nach Worms] zurück. Mir ist es gleichgültig, ob Kriemhild es erfährt, [daß ich der Täter bin] sie, die Brünhild so sehr gedemütigt hat. Es schert mich nicht – wie sehr sie auch weinen mag.«

C 1013. Von dem selben brunnen, dâ Sîvrit wart erslagen,
sult ir diu rehten mære von mir hœren sagen:
vor dem Otenwalde ein dorf lît Otenhein,
dâ vliuzet noch der brunne, des ist zwîfel dehein.

C 1013. Von dem Brunnen, wo Siegfried erschlagen wurde, sollt Ihr die Wahrheit von mir sagen hören: Vor dem Odenwald liegt ein Dorf namens Otenhein, da fließt noch der Brunnen, darüber gibt's keinen Zweifel.

Der Tatort

Der literarische Tatort ist ein akademisches Streitobjekt geworden. Gelehrte und private Nibelungenforscher haben vier Orte entdeckt – für einen Mord! Jeder dieser Schauplätze wird als der einzig richtige bezeichnet und vehement gegen alle Zweifel verteidigt: ein Zwist, der zu den Kuriosa der Nibelungenforschung gehört. Schauen wir uns die vier Tatorte kritisch an:
Tatort Grasellenbach: Die bekannteste Quelle fließt mitten im Odenwald auf dem Spessartkopf, einem kleinen Berg bei Grasellenbach. Sie wird seit Beginn des vorigen Jahrhunderts als »Siegfriedsbrünnchen« dokumentiert – wahrscheinlich als Schauplatz einer örtlichen Siegfriedsage.
Der Dichter des Nibelungenliedes indes hat seine Mordstory wohl kaum an dieser Quelle lokalisiert. Denn: Seiner Beschreibung nach liegt die Mordstelle auf einer Halbinsel vor den Bergen – und nicht auf einem Berg. Sie liegt vor dem Odenwald – und nicht im Odenwald. Hagen hat laut Nibelungenlied den Wein irrtümlich in den Spessart gesandt – mithin kann der Spessartkopf nicht der Ort sein, wo Siegfried Wasser trank, weil kein Wein da war.
Gleichwohl deklarierte eine offensichtlich euphorisch gestimmte Untersuchungskommission im Jahre 1851 diese Quelle als Tatort des Siegfried-Mordes – mit frappierendem Erfolg: Der arme Besenbinderort Grasellenbach entwickelte sich über Nacht zu einer Nibelungen-Wallfahrtsstätte und – im Kielwasser dieses Nimbus – zu einem Kneipp-Kurort. Wassertherapie und Siegfriedbrunnen wurden Quellen des Wohlstandes. Ein schlichtes Steinkreuz an der Quelle gemahnt an Siegfrieds Tod.
Tatort Hiltersklingen: Wer in Grasellenbach kurt, kann nach Güssen und Bädern im nahe gelegenen Hiltersklingen einen anderen Siegfriedbrunnen schauen: Dort rinnt eine Quelle, die in Urkunden aus den Jahren 773 und

Mord auf dem Spessartkopf? Der Siegfriedbrunnen von Grasellenbach

Rechts: Die heiße Spur zum Tatort: der Lindenbrunnen von Heppenheim

795 als »Lintbrunno« und »Lintbrunnen« bezeichnet wird. Sie ist heute in Stein gefaßt, und eine Tafel verkündet: »Der Lindelbrunnen. An diesem Brunnen soll der Überlieferung nach Siegfried erschlagen worden sein.«

Tatort Odenheim: Als großartiges Denkmal mit einem Steinrelief der Mordszene ist die Siegfriedsquelle in Odenheim gestaltet. Der Ortsname gilt als Beweis: Otenhein heißt der Tatort laut Handschrift C des Nibelungenliedes. Allerdings liegt Odenheim südlich von Heidelberg, viel zu weit von Worms entfernt. Die Jagdgesellschaft hätte für eine Strecke zwei Tagesritte benötigt.

Tatort Heppenheim: Vom Stadtverkehr umtost liegt die Siegfriedsquelle in einer Grünanlage von Heppenheim, als Brunnen gestaltet und als Schauplatz des Nibelungenliedes deklariert. Hier wird die Spur heiß. Alles paßt zusammen: Die Quelle wird seit urdenklichen Zeiten »Lindenbrunnen« genannt. Sie gehörte im Mittelalter zum Jagdgebiet des nahegelegenen Klosters Lorsch mit der Königshalle. Zwischen Worms und Lorsch bestanden damals enge Beziehungen. Die Herren von Worms – und mit ihnen der Nibelungendichter – mögen dort auf die Jagd gegangen sein. Der Dichter hat Lorsch gekannt, möglicherweise vorübergehend dort gewohnt, denn er beschreibt das Kloster – wie wir noch sehen werden – mit erstaunlicher Detailkenntnis als letzte Ruhestätte Siegfrieds. Zur Zeit des Nibelungendichters war Sigehart von Lorsch (1167–1198) der Abt des Klosters. Seine Großmutter Uta von Calw hatte 1130 als Witwe in der Nähe von Lorsch einen Edelsitz bezogen, der, den Usancen mittelalterlicher Namensgebung entsprechend, »Uotenheim« geheißen haben könnte und möglicherweise mit dem Otenheim aus der Handschrift C identisch ist.

Alle weiteren Beschreibungen des Nibelungendichters treffen auf die Quelle von Heppenheim zu: Sie liegt auf einer Halbinsel, die von der Weschnitz umflossen wird. Sie entspringt vor den Bergen, die sich nördlich von Heppenheim erheben. Sie liegt vor dem Odenwald – und nicht im Odenwald.

Und noch etwas: Nach dem Mord unter dem Lindenbaum, als die Dunkelheit hereinbrach, ließ Hagen den toten Siegfried nach Worms überführen. Vor Tagesanbruch traf der Leichenzug dort ein.

Diese Beschreibung spricht ebenfalls für die Quelle von Heppenheim. Denn: Sie liegt von Worms 20 Kilometer entfernt, und über diese Distanz konnte der tote Siegfried, quer über den Sattel seines Pferdes gelegt, innerhalb weniger Nachtstunden transportiert werden – trotz Dunkelheit und zeitraubender Überquerung des Rheines.

Schreckens-Szene vor der Kriemhild-Pforte

Es war noch dunkel, und die Glocken zur Frühmette hatten noch nicht geläutet, als der traurige Zug in Worms ankam. Hagen plante eine Teufelei: Er wußte, daß von Kriemhilds Kemenate im ersten Stock des Burgundenpalastes eine geheime Verbindungstür direkt in den Dom führte.

1004. Er hiez in tougenlîchen legen an die tür,
daz si in dâ solde vinden, so si gienge darfür
hin zer mettîne, ê daz ez wurde tac,
der diu frouwe Kriemhilt vil selten deheine verlac.

1004. Er ließ ihn [Siegfried] heimlich vor die Tür legen, damit sie ihn dort finden sollte, wenn sie vor Tagesanbruch herauskam und zur Messe schritt, die die Herrin Kriemhild niemals versäumte.

1005. Man lûte dâ zem münster nâch gewoneheit.
frou Kriemhilt diu schœne wachte manige meit.
ein lieht bat si ir bringen und ouch ir gewant.
dô kom ein kamerære, dâ er Sîfriden vant.

1005. Wie üblich läutete man im Münster [zur Messe]. Die schöne Herrin Kriemhild weckte die Mädchen ihres Gefolges. Sie ließ sich Licht und Gewänder bringen. Da kam ein Kämmerer dort vorbei, wo er den toten Siegfried fand.

1006. Er sah in bluotes rôten, sîn wât was elliu naz.
daz ez sîn herre wære, niene wesse er daz.
hin zer kemenâten daz lieht truog er an der hant,
von dem vil leider mære diu frouwe Kriemhilt ervant.

1006. Der Kämmerer sah ihn in rotem Blute liegen, sein Gewand war davon noch ganz naß. Daß es sein Herr war, hat er noch nicht erkannt. Er trug das Licht in der Hand zur Kemenate, und von ihm sollte die Herrin Kriemhild die furchtbare Botschaft erfahren.

1007. Dô si mit ir frouwen zem münster wolde gân,
dô sprach der kamerære: »ir sult stille stân!
ez lît vor disem gademe ein ritter tôt erslagen.«
dô begonde Kriemhilt vil harte unmæzlîche klagen.

1007. Als sie mit ihrem weiblichen Gefolge ins Münster schreiten wollte, da sprach der Kämmerer: »Haltet ein! Es liegt vor diesem Gemach ein Ritter – tot, erschlagen.« Da begann Kriemhild über alle Maßen zu klagen.

1008. Ê daz si reht erfunde, daz iz wære ir man,
an die Hagenen vrâge denken si began:
wie er in solde vristen? dô wart ir êrste leit.
von ir was allen vreuden mit sînem tôde widerseit.

1008. Eh sie sicher wußte, daß es ihr Gemahl war, dachte sie an Hagens Frage: Wie er Siegfried schützen könne? Da packte sie der Schmerz erst richtig. Denn mit dem Augenblick von Siegfrieds Tod entsagte sie jeder Fröhlichkeit.

1009. Dô seic si zuo der erden, daz si niht ensprach.
die schœnen vreudelôsen ligen man dô sach.
Kriemhilde jâmer wart unmâzen grôz.
do erschre si nâch unkrefte, daz al diu kemenâte erdôz.

1009. Sie sank [ohnmächtig] zu Boden, so daß sie nicht mehr sprechen konnte. Die schöne Unglückliche sah man nun da liegen. Kriemhilds Schmerz war unermeßlich. Nach ihrer Ohnmacht schrie sie, daß die Kemenate erdröhnte.

1010. Dô sprach daz gesinde: »waz ob ez ist ein gast?«
daz bluot ir ûz dem munde von herzen jâmer brast.
dô sprach si: »ez ist Sîfrit, der mîn vil lieber man:
ez hât gerâten Prünhilt, daz ez hât Hagene getân.«

1010. Da sprach ihr Gesinde: »Was, wenn es nur ein Fremder wäre?« Doch Kriemhild barst vor Herzeleid das Blut aus ihrem Munde. Sie sprach: »Es ist Siegfried, mein lieber Mann. Brünhild hat's geraten, Hagen hat's getan.«

1011. Diu frouwe hiez sich wîsen, dâ sie den helt vant.
si huop sîn houbet schœne mit ir vil wîzen hant.
swie rôt ez was von bluote, si het in schiere erkant.
dô lac vil jæmerlîche der helt von Nibelunge lant.

1011. Die Herrin ließ sich dorthin führen, wo sie den Helden fand. Mit ihrer weißen Hand hob sie sein edles Haupt. So rot es auch vom Blut war – sie erkannte ihn sogleich. Da lag elendiglich der Held des Nibelungenlandes.

Vor der Tür liegt der Ermordete: die Kriemhild-Pforte in der Domwand

1012. Dô rief vil trûreclîche diu frouwe milt:
»owê mich mînes leides! nu ist dir dîn schilt
mit swerten niht verhouwen; du lîst ermorderôt.
wesse ich, wer iz het getân, ich riet im immer sînen tôt.«

1012. Da rief in ihrem Schmerz die Königin: »Weh mir ob dieser Schandtat: Ist dir doch dein Schild von Schwertern nicht zerhauen. Hingemordet liegst du da. Wüßte ich, wer es getan hat – ich hätte nur eines noch im Sinn: ihn zu töten.«

Da der Palast seit dem Stadtbrand von 1689 nicht mehr steht, ist die ehemalige Verbindungstür heute an der Nordwand des Domes von außen zu sehen. Sie ist mit Ziegelsteinen zugemauert und deshalb nur undeutlich erkennbar. »Kriemhild-Pforte« wird sie genannt.

Bahrprobe im Dom: Der Mörder wird enttarnt

Kriemhild ließ Siegfried im Westchor des Domes aufbahren und begann mit der Totenwache. Die Glocken läuteten, Priester und Mönche sangen fromme Lieder. Sigmund und Siegfrieds Gefolgsleute scharten sich um ihren toten König und die trauernde Königin. Das Volk von Worms betete im Ostchor um Siegfrieds Seelenheil. König Gunther, gefolgt von Hagen und den anderen Vasallen, schritt durchs Nordportal und trat auf Kriemhild zu:
»Liebe Schwester, wie mußt du doch leiden. O wäre uns dieser Verlust erspart geblieben. Für alle Zeiten müssen wir nun um Siegfried klagen.«
»Dazu habt Ihr kein Recht«, sagte Kriemhild, »würdet Ihr es wirklich bedauern, dann wäre die Tat nie geschehen.«
Gunther und Hagen fühlten sich durchschaut.

1043. Si buten vaste ir lougen. Kriemhilt begonde jehen:
»swelher sî unschuldic, der lâze daz gesehen.
der sol zuo der bâre vor den liuten gên.
dâ bî mac man die wârheit harte schiere verstên.«

1043. Sie leugneten mit Nachdruck. Kriemhild aber sagte: »Wer unschuldig ist, der beweise es vor aller Augen! Der soll vor allen Leuten hier zur Bahre treten. Dann wird die Wahrheit sehr schnell offenkundig.«

1044. Daz ist ein michel wunder, vil dicke ez noch geschiht:
swâ man den mortmeilen bî dem tôten siht,
sô bluotent im die wunden. als ouch dâ geschach.
dâ von man die schulde dâ ze Hagene gesach.

1044. Es ist ein großes Wunder, das häufig noch geschieht: Wenn man den Mordbefleckten zum Toten treten sieht, dann bluten ihm die Wunden. So geschah es auch jetzt. Daran sah man, daß Hagen schuldig war.

1045. Die wunden vluzzen sêre, alsam si tâten ê.
die ê dâ sêre klageten, des wart nu michel mê.
dô sprach der künic Gunther: »ich wilz iuch wizzen lân:
in sluogen schâchære, Hagen hât es niht getân.«

1045. Die Wunden bluteten so stark wie vorher [beim Mord]. Wer zuvor geklagt hatte, weinte jetzt noch mehr. Da sprach der König Gunther: »Ich will es Euch wissen lassen: Räuber haben ihn erschlagen, Hagen hat es nicht getan.«

1046. »Mir sint die schâchære«, sprach si, »vil wol bekant.
nu lâz ez got errechen noch sîner vriunde hant.
Gunther und Hagene, jâ habt ir iz getân.«
die Sîfrides degene heten gegen strîte wân.

1046. »Mir sind die Räuber«, sprach Kriemhild, »wohl bekannt. Möge Gott die Tat durch Siegfrieds Freunde noch rächen lassen. Gunther und Hagen – ja, wahrhaftig, Ihr habt es getan.« Siegfrieds Gefolgsleute packte die Kampfeslust.

Der Dichter schildert hier eine Bahrprobe, die zu den sogenannten Gottesurteilen der früheren Rechtsprechung gehörte: Gottesurteile sind »rückwärts gerichtete Weissagungen« (Jakob Grimm, Deutsche Rechtsaltertümer). Sie stützen sich auf den Glauben, daß eine höhere Macht die Schuld oder Unschuld des Verdächtigen durch ein wunderbares Zeichen offenbare. An einem Gottesurteil gab es nichts zu zweifeln.
Auch Kriemhild glaubte der Bahrprobe mehr als Gunthers entlastenden Aussagen. Siegfrieds Gefolgsleute, ebenfalls von der Bahrprobe überzeugt, brannten auf Vergeltung. Doch Kriemhild verhinderte ein Gemetzel im Dom. Die Übermacht der burgundischen Gefolgsleute schien ihr zu gefährlich. »Helft mir trauern in meiner Not«, sagte sie, und Siegfrieds Recken ließen die Waffen sinken.
Drei Tage und drei Nächte hielt sie Totenwache an Siegfrieds Bahre. Dann läuteten die Domglocken zum Begräbnis.
»Laut schreiend vor Schmerz folgten die Trauergäste dem Sarg«, heißt es im Nibelungenlied. Am offenen Grab im Kirchhof des Domes sangen und beteten sie. Kriemhilds »strahlende Augen weinten blutige Tränen«. Sie sank ohnmächtig zu Boden.

Rechts: Siegfrieds Mörder bei der Hortversenkung: das Hagendenkmal von Worms

Wenige Tage später rüstete König Sigmund mit seinen Gefolgsleuten zur Heimreise. »Kommt mit mir nach Xanten«, sagte er zu Kriemhild, »Ihr behaltet Eure Königinnenwürde mit allen Rechten und aller Machtfülle. Vor allem aber sollt Ihr wegen Eures Kindes mit uns heimreisen. Ihr dürft es nicht als Waise aufwachsen lassen.«

Kriemhild lehnte ab. Sie wollte weinen – und Rache üben, sonst nichts mehr in ihrem Leben. Deshalb blieb sie in Worms: Dort war Siegfried begraben, dort lebte der Mörder.

Geheimaktion Hortversenkung: Wo ist »ze Lôche«?

Kriemhild hatte von Siegfried den unermeßlich wertvollen und fluchbeladenen Nibelungenhort geerbt. Sie verteilte Gold und Edelsteine an die Armen, aber auch an die Reichen und Mächtigen – und sogar an ruhmreiche Recken aus fernen Ländern. Vor allem die kampfbewährten Helden aus nah und fern beschenkte sie so großzügig, wie man es von einer Fürstin noch nie erlebt hat.

Hagen witterte die Gefahr. Kriemhild, so befürchtete er, könnte sich ein Vasallenheer verpflichten und Rache üben für den Mord an Siegfried.

»Wir dürfen einen solchen Schatz nicht im Besitz einer Frau lassen«, flüsterte er König Gunther ein, »sonst könnte es uns Burgunden noch übel ergehen.« Hagen regte an, den Hort zu rauben und zu verstecken.

Gunther schwankte und ließ sich erst nach einigem Zaudern überreden. Vor der Tat schworen die drei Könige und Hagen, daß keiner das Versteck des Hortes verraten werde, »unz ir einer möhte leben« – solange einer von ihnen lebt.

Dann reisten die drei Könige mit ihren Gefolgsleuten in ein fernes Land. Hagen blieb allein zu Hause:

1137. Ê daz der künic rîche wære wider komen,
die wîle hete Hagene den schaz vil genomen.
er sanct' in dâ ze Lôche allen in den Rîn.
er wând', er sold' in niezen, des enkunde niht gesîn.

1137. Bevor die mächtigen Könige wieder heimkehrten, hat Hagen den Schatz geraubt. Er versenkte ihn »ze Lôche« in den Rhein. Er hoffte ihn noch einmal [heben und] nützen zu können, doch das konnte nie geschehen.

Das Hagendenkmal am Rheinufer in Worms zeigt Siegfrieds Mörder, wie er den Nibelungenhort ins Wasser schleudert. Doch Worms ist nicht der Schauplatz dieser Szene.

Hagen hat den Hort »ze Lôche« versenkt, so schreibt der Dichter. Dieser

»Ze Lôche« versenkt Hagen den Hort: die einstmals verrufene Rheinkehre von Gernsheim

Hinweis genügte den Nibelungenforschern, um den Ort der Hortversenkung aufzuspüren.

»Ze Lôche« ist die Rheinkehre 18 Kilometer nördlich von Worms bei Gernsheim, einst Schauplatz unheilvoller Ortssagen, ein Katastrophenort vergangener Zeiten, als der Rhein noch nicht von verbauten Ufern gebändigt war und die Kehre weitaus enger verlief als heute. Zentrifugale Kräfte der Strömung wurden dort leicht rebellisch, sie bildeten Wirbel, wühlten Abgründe ins Rheinbett und sogen Schiffe mitsamt der Besatzung in die Tiefe. »Schwarzes Loch« wurde diese Stelle im Rhein genannt – und »Schwarzer Ort« das Ufer. Denn bei Hochwasser schleuderte der Rhein gewissermaßen aus der Kurve, Sturzfluten brachen über das Land herein, rissen Häuser und Stallungen mit sich, ertränkten Mensch und Vieh. Das Dorf Lochheim stand dort zur Zeit des Nibelungendichters. Es existiert nicht mehr, es wurde im 13. Jahrhundert bei einer Überschwemmung vernichtet.

Dieses unheilträchtige Gebiet, damals »ze Lôche« genannt, verrufen und sagenumrauscht, hat der Dichter als Bühnenbild der Hortversenkung gewählt: Bei Lochheim stand Hagen am Ufer, als er den fluchbeladenen Schatz der Nibelungen hinabschleuderte ins »Schwarze Loch« des Rheins.

Das Mysterium von Lorsch: Siegfrieds Sarg

Kriemhild gab auf: ohne Hort keine Rache!

Ihre Mutter Ute bewohnte inzwischen einen Edelhof beim Kloster Lorsch und wollte Kriemhild für immer zu sich holen: »Hier läßt du gewiß das Weinen sein.« So steht es in der Handschrift C geschrieben.

Lorsch war ein Kulturzentrum ersten Ranges, weithin bekannt, ein beliebter Treffpunkt adliger Prominenz und »ein Wunder an Pracht und Schönheit«, wie es in der Metzer Chronik heißt.

Heute noch ist der Glanz vergangener Tage spürbar. Von der 768 begründeten Reichsabtei blieben zwei Prachtbauten erhalten: das Mittelschiff der Vorkirche, das sich monumental aus dem 25 000 Quadratmeter großen Klosterpark erhebt, und die Karolingische Torhalle, auch Königshalle genannt – eine ideenreiche Kombination von germanischer Festhalle und Römertor mit der Wandverkleidung eines orientalischen Palastes. Sie wurde zu Ehren von Karl dem Großen erbaut, damals König der Franken, der 774 zur Klostereinweihung nach Lorsch kam.

Kaiser Karls Enkel, Ludwig der Deutsche, König der Franken, gründete in der Reichsabtei eine Malschule, ein Skriptorium und eine Bibliothek, die zur bedeutenden Sammlung mittelalterlicher Handschriften gedieh.

Die Äbte von Lorsch waren Kunstmäzene und großzügige Gastgeber. An ihren Refektoriumstischen trafen weltliche und geistliche Fürsten mit Künstlern zusammen, mit Malern, Sängern und Spielleuten – und gewiß saß auch der Dichter des Nibelungenliedes an dieser Tafelrunde. Denn Kloster und Umgebung waren ihm offenbar vertraut. Er kannte im klösterlichen Jagdrevier die Quelle unter dem Lindenbaum und machte sie zum Schauplatz von Siegfrieds Ermordung. Und er kannte den rätselvollen Sarg von Lorsch.

Dieser Sarg brachte ihn auf eine Idee. Kriemhild, so schreibt er, nahm die Einladung ihrer Mutter nach Lorsch unter einer Bedingung an: daß Siegfried in ihrer Nähe bliebe. Siegfried aber lag noch auf dem Friedhof des Wormser Domes begraben.

C 1164. Dô schuof diu jâmers rîche, daz er wart ûf erhaben.
sîn edelez gebeine wart an der stunt begraben
ze Lôrse bî dem münster vil werdeclîchen sît,
dâ der helt vil küene in eime langen sarce lît.

C 1164. Da veranlaßte die Schmerzensreiche, daß er ausgegraben wurde. Seine edlen Gebeine wurden sogleich auf würdige Weise im Münster zu Lorsch bestattet, wo der kühne Held in einem langen Sarge liegt.

Siegfrieds Sarg kann man heute im Kloster Lorsch besichtigen. Er wird auch jetzt noch »langer Sarg« genannt, denn mit 2,40 Metern ist er länger als die anderen Sarkophage dieser Zeit.
Was den Sarg aber zu einem kulturhistorischen Mysterium macht und zu einem besonders interessanten Requisit des Nibelungenliedes: das sind die aus dem Sandstein der Innenwände konvex herausgemeißelten Darstellungen von Kreuz und Weltesche Yggdrasil – die Symbole der christlichen Religion und des germanischen Mythos!
Die Forschung hat dazu festgestellt: Der lange Sarg stand mit anderen Sarkophagen in der Gruftkirche von Lorsch, die Ludwig dem Deutschen, seinem Sohn, seinen Enkeln und einigen Fürsten zur letzten Ruhestätte diente. Während des Dreißigjährigen Krieges wurde die Abtei in Brand gesteckt. Die Gruftkirche versank unter Trümmern. Stehen blieb das Mittelschiff der Vorkirche.

Im Jahre 1802 entdeckte ein kurmainzischer Förster die Gruftkirche mit den Särgen. Er warf die darin ruhenden Skelette mitsamt mehreren – seiner Meinung nach unleserlichen – Pergamentrollen weg und verkaufte oder verschenkte die Sarkophage als Behältnisse vornehmlich für Zwecke der landwirtschaftlichen Nutzung – so etwa Siegfrieds Sarg als Viehtrog an einen Pferdehändler.
Gelehrte hörten einige Jahre später davon und fahndeten mit steigendem

Prachtbau für Karl den Großen: die Königshalle von Lorsch

Stilelemente eines orientalischen Palastes: die Wandverkleidung der Königshalle

Siegfrieds letzte Ruhestätte: die Vorkirche des Klosters Lorsch

Siegfrieds Sarg im Kloster Lorsch: Kreuz und Weltesche Yggdrasil an den Innenseiten

Blutdruck nach den weithin verstreuten Resten dieser Vernichtungsaktion. Skelette und Pergamente blieben verschollen, nur einige Särge wurden aus Ställen und Scheunen geborgen und sind heute im würdigen Ambiente der von Brandschatzung verschonten Vorkirche aufbewahrt.
Wer in dem von Kreuz und Weltesche geschmückten »langen Sarg« lag, läßt sich nach des Försters kulturhistorischem Amoklauf freilich nicht mehr feststellen. Vermutlich war es ein bedeutender Fürst, der ursprünglich die germanischen Götter ehrte und später – vielleicht unter dem Einfluß Ludwigs des Deutschen – zum christlichen Glauben übertrat.
Kreuz und Weltesche Yggdrasil mögen den Dichter inspiriert haben, diesen »langen Sarg« als gewissermaßen angemessene Ruhestätte für Siegfried in Anspruch zu nehmen. Denn Siegfried war mythischer und christlicher Held zugleich: einerseits Drachenkämpfer, Sagengestalt germanischer Vorzeit, Besitzer des fluchbeladenen Nibelungenhortes, unverletzbar bis auf eine verwundbare Stelle – andererseits christlich erzogener Ritter der Stauferzeit, eingebunden in kirchliche Bräuche, aufgebahrt im Dom zu Worms und bestattet im Kloster Lorsch.

Reisen an der Donau

Neue Chance für Kriemhilds Rache

Der Hunnenkönig Etzel in Gran – heute Esztergom – hatte Kunde erhalten von der schönen und traurigen Witwe Kriemhild. Er wollte sie als Gemahlin heimholen auf die Etzelburg und sandte seinen vornehmsten Vasallen als Brautwerber an den Rhein: Markgraf Rüdiger von Bechelaren.

König Etzel, selbst seit kurzem verwitwet, war laut Nibelungenlied »der gewaltigste Herrscher von der Rhône bis an den Rhein, von der Elbe bis ans Meer«. Zu seinem Gefolge zählten Christen und Heiden, die gefürchteten Reiterheere der Hunnen, kampferprobte Polen, Griechen, Russen, Walachen, Thüringer und Petschenegen (ein ausgestorbenes Nomadenvolk türkischer Abstammung).

Kriemhild sah eine neue Chance, Rache zu nehmen für den Mord an Siegfried.

Rüdiger drängte zu einer Entscheidung, Kriemhild gab sich unentschlossen und forderte zwei Zugeständnisse: Daß sie als Gemahlin König Etzels die Befehlsgewalt über alle Heere der Hunnen habe und daß er, Rüdiger, jede Kränkung vergelten werde, die man ihr zufügt.

Als Rüdiger ihr den persönlichen Treue-Eid leistete, sagte Kriemhild zu: »So will ich arme Königin mit Euch zu den Hunnen fahren.« Mit einem starken Gefolge burgundischer Recken und Edelfrauen startete sie, von Rüdiger geführt, ihre Reise zum ungeliebten König Etzel.

Sie kamen bei Vergen – dem heutigen Pförring – an die Donau und ließen sich von Fährleuten ans südliche Ufer übersetzen.

1295. Si zogeten dannen balde   nider durch Beyerlant.
dô sagte man diu mære,   dâ wæren für gerant
vil unkunder geste,   dâ noch ein klôster stât,
unt dâ daz In mit fluzze   in die Tuonouwe gât.

1295. Sie zogen schnell durchs Land der Bayern hinunter [donauabwärts]. Die Botschaft vom eiligen Herannahen vieler unbekannter Gäste wurde dorthin vorausgebracht, wo noch ein Kloster steht und wo der Inn mit starker Strömung in die Donau fließt.

1296. In der stat ze Pazzouwe   saz ein bischof.
di herberge wurden lære   unt ouch des fürsten hof.
sie îlten gegen den gesten   ûf in Beyerlant,
dâ der bischof Pilgrîn   die schœnen Kriemhilden vant.

Rechts: Kriemhild trifft Pilgrim in Plattling: die Kirche St. Jakob

1296. In der Stadt Passau herrschte ein Bischof. Die Herbergen und auch der Hof des Kirchenfürsten leerten sich, denn alle eilten durchs Bayerland hinauf den Gästen entgegen, wo Bischof Pilgrim die schöne Kriemhild traf.

Der Treffpunkt war – laut Handschrift C – in Pledelingen, dem heutigen Plattling. Dort stand damals die von Pilgern und Kreuzrittern auf ihrem Weg zum Heiligen Grab viel besuchte Kirche St. Jakob. Sie ist inzwischen modernisiert. Aus der Zeit des Nibelungendichters sind noch das Taufbecken, Steinsäulen, der Steinfußboden und Rundbögen im romanischen Langhaus erhalten.

Passau: das Grab der Äbtissin

Von Plattling ging Kriemhilds Reise etwa 55 Kilometer weiter nach Passau, wo der Dichter, bestehender Lehrmeinung entsprechend, im Auftrag von Bischof Wolfger das Nibelungenlied schrieb.

1298. Der bischof mit sîner nifteln ze Pazzouwe reit.
dô daz den burgæren von der stat wart geseit,
daz dar kœme Kriemhilt, des fürsten swester kint,
diu wart wol enpfangen von den koufliuten sint.

1298. Der Bischof ritt mit seiner Nichte nach Passau. Als den Bürgern der Stadt gemeldet wurde, daß Kriemhild kommt, die Tochter von Pilgrims Schwester [Ute], wurde sie ehrenvoll von den Kaufleuten empfangen.

In Passau pflegten durchreisende Fürstinnen – wie Kriemhild bei ihrer Reise zu König Etzel – im Kloster Niedernburg abzusteigen. Der Dichter erwähnte es ohne Namen in Strophe 1295: »Wo noch ein Kloster steht …«

Das Kloster existiert heute noch: die Nonnenabtei Niedernburg, 739 von den Agilolfingern gegründet, danach Hauskloster und angeblicher Verbannungsort von Herzog Tassilo, ab 1010 kaiserliche Reichsabtei, seit 1167 im Besitz der Passauer Bischöfe, heute ein Internat der Englischen Fräulein.

Aus der Zeit des Nibelungendichters ist wenig erhalten, denn die Abtei brannte in den Jahren 1285, 1662 und 1680 nieder. Nur das Grabmal der Äbtissin Gisela blieb wie durch ein Wunder unversehrt: eine romanische Grabplatte aus dem 11. Jahrhundert, seit 1425 von einem gotischen Hochgrab überbaut.

Äbtissin Gisela, 985 in Regensburg geboren, Tochter des Bayernherzogs Heinrichs des Zänkers, spielt eine interessante Rolle in der Stoffgeschichte des Nibelungenliedes: Sie war Nichte des Passauer Bischofs Pilgrim (971–991) – wie denn auch Kriemhild die Nichte des Passauer Bischofs Pilgrim ist. Gisela reiste im Jahre 996 mit Brautwerber und großem Gefolge durch Passau die Donau abwärts nach Gran, um die Gemahlin des (späteren) Ungarnkönigs Stephan zu werden – wie auch Kriemhild mit Brautwerber und großem Gefolge durch Passau die Donau abwärts nach Gran reist und Gemahlin des Hunnenkönigs Etzels wird. Zu Giselas zukünftigen Gefolgsmännern im Ungarnland gehörten Christen und Heiden, Polen, Griechen, Petschenegen, Russen, Walachen und Thüringer – wie denn auch Christen und Heiden, Polen, Griechen, Petschenegen, Russen, Walachen und Thüringer zum zukünftigen Gefolge Kriemhilds im Hunnenland gehören. Ziel von Giselas Reise war die Arpadenburg auf dem Schloßberg von Gran – und Kriemhilds Reiseziel war die Etzelburg auf dem Schloßberg von Gran.

Die Parallelen sind nicht zu übersehen: Gisela ist das literarische Vorbild für Kriemhild – zumindest partiell, für die Zeit ihrer Reise!

In Gran trennen sich die Schicksalswege von historischer und epischer Person: Giselas Gemahl Stephan ließ sich taufen, wurde zum ersten ungarischen König gesalbt und mit der vom Papst gesandten Stephanskrone gekrönt. Das junge Königspaar betrieb die Christianisierung der Ungarn erfolgreich, bis König Stephan 1038 starb. (Er wurde 1087 heiliggesprochen.) Nach seinem Tod bahnte sich eine Fremden- und Christenverfolgung an. Heidnische Widerstandskämpfer beschuldigten die beim Volk beliebte Königin Gisela zu Unrecht mehrerer Mordtaten und warfen sie in den Kerker. Im Jahre 1044 endete ihr Martyrium. Der Retter erschien in Gestalt ihres Neffen, des Kaisers Heinrich III. Sie wurde von ihm befreit, nach Passau gebracht und im Kloster Niedernburg als Äbtissin eingesetzt, wo sie 1060 starb.

Und dort schließt sich der Kreis von Wahrheit und Dichtung: Kriemhild kommt bei ihrer Reise nach Gran ins Kloster Niedernburg – ans Grab der Frau, die ihr literarisches Vorbild ist!

Raubnester auf dem Weg nach Eferding

Bischof Pilgrim ließ es sich nicht nehmen, seine Nichte Kriemhild zu begleiten. Am anderen Tag ritt er mit der Reisegesellschaft über die Innbrücke und dann die Donau abwärts, etwa 60 Kilometer weit nach Everdingen, dem heutigen Eferding.

1302. Nu was diu küneginne ze Everdingen komen.
genuoge ûz Beyerlande, solden si hân genomen
den roub ûf der strâzen nâch ir gewonheit,
sô heten si den gesten dâ getân vil lîhte leit.

1302. Nun war die Königin bis Eferding gekommen. Hätten viele [Raubritter] aus dem Bayerland ihrer Gewohnheit entsprechend auf der Straße einen Überfall unternommen, dann hätten sie die Gäste vielleicht in Bedrängnis gebracht.

Kriemhild wohnt im Passauer Kloster Niedernburg: das Grabmal des literarischen Vorbildes

Rechts: Kriemhild zu Gast in Eferding: Palast und Turm von Burg Schaunberg

Die vom Dichter erwähnten Räuber hausten auf den Bergrücken des Donautales östlich von Passau in drei berüchtigten Ritterburgen: Vichtenstein, Rannariedl und Haichenbach. In Sicherheit waren die Reisenden erst, als sie Burg Schaunberg bei Eferding erreichten, den bedeutendsten und prunkvollsten Herrensitz weit und breit.

Die Schaunberger sind als Burgbesitzer in Eferding erstmals 1161 urkundlich erwähnt. Ihre Hofhaltung war fürstlich, sie geboten über ein mächtiges Heer von Gefolgsleuten und hatten Ministerialen, so zum Beispiel Kämmerer, Marschall (Stallmeister) oder Truchseß (Hofbeamte für Küche und Tafel). Mit Hochgerichtsbarkeit, Kirchenpatronat und der Vogtei über das Zisterzienserkloster Wilhering waren sie die Landesherren des Territoriums zwischen Eferding und Salletwald.

Jede durchreisende Königin genoß selbstverständlich Gastrecht bei den Herren von Schaunberg – so auch Kriemhild.

Burg Schaunberg hoch über den Granitplateau der Donau ist heute als Ruine erhalten, die an romantischen Details nichts zu wünschen übrig läßt: Wehrmauern, Wachttürme, Wehrgänge, Schlupflöcher, Torwärterhaus, Palast, Stallungen, unterirdische Gänge und Kellerverliese. Der 32 Meter hohe Bergfried, ein sogenannter Keilturm, außen fünfeckig, innen viereckig, nach oben verjüngt, brach im Jahre 1825 aus unerklärlichen Gründen entzwei wie ein Holzscheit unter einem Axthieb. Eine Hälfte blieb stehen und ist über ein Treppengerüst zu besteigen.

Von Eferding ging es am nächsten Morgen donauabwärts bis nach Ense, heute Enns, wo die Reisenden in prunkvollen Zelten übernachteten. Anderntags ritten sie nach Bechelaren, heute Pöchlarn, zur Burg des Markgrafen Rüdiger. 70 Kilometer legten sie zurück, das Äußerste an Distanz, was Roß und Reiter an einem Tag abverlangt werden konnte.

Umso herzlicher war in Bechelaren der Empfang für Kriemhild, ihre Gefolgsmänner und Gefolgsdamen, für Bischof Pilgrim und den heimkehrenden Markgraf Rüdiger.

Vom Markgrafenpalast ist nichts mehr erhalten, nicht einmal Reste von Grundmauern wurden entdeckt, obwohl einst eine Burg in Bechelaren stand: die Herilungoburg, urkundlich erwähnt im Jahre 832.

Wein aus Ostarrîchis erster Residenz

Rüdiger von Bechelaren blieb nur eine Nacht bei seiner Familie. Am nächsten Morgen führte er die Reisenden weiter die Donau abwärts. Schon nach wenigen Kilometern rastete die Reisegesellschaft am Fuß des Burgberges von Medelicke, dem heutigen Melk.

Auf dem Felsplateau über ihnen, wo sich heute die barocke Benediktinerabtei Melk erhebt, stand damals eine Burg, erbaut vom ersten Babenberger Leopold I. dem Erlauchten, Markgraf von 976 bis 994. Sie war die Residenz

Einst der bedeutendste Herrensitz weit und breit: Ruinenreste und unterirdischer Gang in Schaunberg

seiner zwischen Ybbs und Traisen gelegenen Markgrafschaft, die im Jahre 996 erstmals urkundlich als »Ostarrîchi« erwähnt ist und namengebend wurde für Österreich.

Zur Zeit des Nibelungendichters war die alte Burg in Melk eine Benediktinerabtei, das Machtzentrum Österreichs und die Babenberger Residenz lagen weiter ostwärts in Wien.

Die Burgbewohner eilten zu den Reisenden hinunter, um sie mit Wein in goldenen Gefäßen willkommen zu heißen. Auch der Burgherr machte seine Aufwartung:

1329. Ein wirt was dâ gesezzen, Astolt was der genant.
der wîste si die strâze in das Ôsterlant
gegen Mûtâren die Tuonouwe nider.
dâ wart vil wol gedienet der küneginne sider.

1329. Ein Burgherr hatte dort seinen Sitz, Astolt war er genannt. Er wies ihnen die Straße nach Österreich in Richtung Mautern die Donau abwärts. Dort sollten der Königin später noch viele Dienste erwiesen werden.

Auf dem von Astolt empfohlenen Weg kamen die Reisenden an zwei Burgen vorbei, Aggstein und Dürnstein, die um 1200 den einflußreichen Herren von Kuenring gehörten.

Burg Aggstein am rechten Donauufer, etwa 10 Kilometer nach Melk, war als Schauplatz einer Sage bekannt, die verblüffende Ähnlichkeit mit zwei Überlieferungen vom Rhein hat: mit der Loreley-Sage und der Geschichte vom versenkten Nibelungenhort! In mondhellen Nächten, so die Donausage, sieht man auf dem Burgfelsen von Aggstein eine schöne Nixe. Sie kämmt ihr goldenes Haar und singt eine wundersame Melodie. Mancher Donauschiffer blickt zu ihr empor, betört und verwirrt, er achtet nicht auf die Klippen, sein Schiff zerschellt – und die Nixe stürzt sich mit einem Schrei auf ihn herab und zieht ihn hinunter in ihren Wasserpalast am Donaugrund, wo auch ein versenkter Schatz verborgen liegt: der Amelungenschatz des Sagenhelden Dietrich von Bern, der im Nibelungenlied eine bedeutende Rolle spielt.

Die zweite berühmte Sage von Aggstein entstand erst später: Der historisch erwiesene Raubritter Scheck zu Wald und Aggstein, Burgherr seit 1492, pflegte seine Gefangenen außerhalb der Burgmauern auf einem Felsvorsprung auszusetzen, den er zynisch »Rosengarten« nannte. Verzweifelt stürzten sich die Gefangenen in den Tod, einer jedoch sprang in die Äste eines Baumes, erreichte glücklich den Boden, trommelte Ritter zusammen, eroberte Aggstein und ließ den Räuber enthaupten.

Etwa 18 Kilometer nach Aggstein liegt am linken Donauufer die Burg

Hochsitz der blonden Donaunixe: Burg Aggstein

S. 100
Todessprünge aus dem Rosengarten: das Räubernest des Scheck zu Aggstein

S. 101
Das Gefängnis von Richard Löwenherz: Burg Dürnstein

Dürnstein, von der zur Zeit des Nibelungendichters nicht gern geredet wurde. Sie erinnerte an eine für die Babenberger peinliche Affäre:
Der englische König Richard Löwenherz hatte während des Barbarossa-Kreuzzuges (1189–1192) vor Akkon den Babenberger Herzog Leopold V. beleidigt. Um der Rache zu entgehen, durchquerte Löwenherz auf der Heimreise verkleidet und vermummt das Territorium Leopolds. Am 21. Dezember 1192 wurde er in Erdberg – heute Wien, III. Bezirk – erkannt, ergriffen, auf Burg Dürnstein gefangengesetzt und am 28. März 1193 an Kaiser Heinrich VI. ausgeliefert.
Richard Löwenherz kam erst frei, als England dem deutschen Kaiser im Frühjahr 1194 ein Lösegeld von 100000 Mark Silber nach Kölner Gewicht zahlte (25000 Kilogramm Silber). Die Hälfte davon erhielt Leopold V.
Etwa gleichzeitig verhängte Papst Cölestin über Leopold V. den Kirchenbann. Begründung: rechtswidrige Gefangennahme eines Kreuzritters. Erst als Leopold am 31. Dezember 1194 nach einem Reitunfall auf dem Totenbett lag, wurde der für die Babenberger schmähliche Bann gnadenhalber gelöst. Leopolds zweiter Sohn und späterer Nachfolger Leopold VI. der Glorreiche (1198–1230) war Babenberger Herzog zur Zeit, als der Dichter das Nibelungenlied schrieb.

Traismauer: Archäologen auf Erfolgstrip

Die weite Reise führte nach Mûtâren, dem heutigen Mautern, wo ein Hufeisenturm aus der Römerzeit steht. Bischof Pilgrim verabschiedete sich und kehrte nach Passau zurück. Ohne Aufenthalt ritten Kriemhild, Rüdiger und Gefolge weiter nach Treisenmûre, heute Traismauer, dem ehemaligen Römerkastell Trigisamum. Dort weilte Kriemhild vier Tage. Aber wo hat sie übernachtet? So fragten sich Nibelungenforscher lange vergeblich.
In Traismauer steht ein einziges Schloß, ein fürstlicher Prachtbau mit Arkadenhof, laut Urkunde im Jahre 1500 erbaut, heute das »Museum für Frühgeschichte des Landes Niederösterreich«.
Dieses Renaissanceschloß konnte der Nibelungendichter im Jahre 1200 freilich nicht als Schauplatz vor Augen gehabt haben. Kriemhilds Übernachtungsstätte war verschwunden – Jahrhunderte lang.
Im Mai 1986 tauchte sie plötzlich auf. Und das kam so:
Archäologische Ausgrabungen im Innenhof des Schlosses förderten ein gut erhaltenes römisches Restkastell zu Tage. Gelehrte gerieten in Euphorie. Denn Restkastelle waren die im letzten Augenblick vor dem Germanensturm errichteten Fluchtburgen innerhalb eines Kastell-Areals, sie wurden besonders erbittert umkämpft und von den Siegern schließlich dem Erdboden gleichgemacht. Bisher konnten Archäologen von Restkastellen allenfalls Spuren von Grundmauern sichern. Und nun entdeckten sie ein unversehrtes Restkastell mit Wohnraum, Stallungen und Brunnen! Sogenannte

Suchschnitte ergaben, daß die Baumeister im Jahre 1500 alle vier Mauern des zweistöckigen Kastells als Außenwände für das Renaissanceschloß verwendet hatten. An der Südseite, unter dem Verputz aus dem Jahre 1500, fand sich in der Kastellmauer das (inzwischen zugemauerte) Tor.
Nun war das Rätsel gelöst: Dieses ungewöhnlich gut erhaltene Restkastell hatte im Mittelalter als repräsentative Burg gedient – und dem Dichter des Nibelungenliedes als Bühnenbild für Kriemhilds viertägigen Aufenthalt.
Nach den archäologischen Arbeiten wurde der Innenhof bis auf einen Sichtschacht wieder zugeschüttet. Die südliche Kastellmauer mit der römischen Toreinfahrt blieb ohne Verputz und bildet heute, als Kulisse des Nibelungenliedes, einen interessanten Kontrast zum Arkadenhof.
Am vierten Tag ihres Aufenthaltes in Traismauer beobachteten die Reisenden eine Staubwolke im Osten wie bei einer Feuersbrunst: König Etzel ritt mit mehreren tausend Gefolgsleuten heran, mit Christen und Heiden, Hunnen, Polen, Griechen, Petschenegen, Russen, Walachen, Dänen und Thüringern. Der Straßenstaub, von den Hufen ihrer Pferde aufgewirbelt, wollte sich gar nicht mehr legen.
Kriemhild und ihr Gefolge machten sich reisefertig. Sie ritten durch das Römertor von Traismauer ostwärts auf das Tullner Feld und sahen knapp vor der Stadt Tulln die Vielvölkerscharen Etzels entgegenkommen.

Küßte Kriemhild die 12 Apostel von Tulln?

1341. Ein stat bî Tuonouwe lît in Ôsterlant,
diu ist geheizen Tulne. dâ wart ir bekant
vil manic site vremede, den si ê nie gesach.
si enpfiengen dâ genuoge, den sît leit von ir geschach.

1341. Eine Stadt liegt an der Donau in Österreich, die wird Tulln genannt. Dort lernte Kriemhild manch fremden Brauch kennen, von dem sie nie vorher etwas gesehen hat. Zum Empfang kamen viele, denen Kriemhild später Unglück bringen wird.

1342. Vor Etzeln dem künege ein ingesinde reit,
vrô und vil rîche, hövesch unt gemeit,
wol vier und zweinzec fürsten. tiwer unde hêr.
daz si ir frouwen sæhen, dâ von engerten si niht mêr.

1342. Vor König Etzel ritten die Gefolgsleute, froh gesinnt und mächtig, höfisch und stolz, an die vierundzwanzig Fürsten [waren darunter], auserwählt und hehr. Sie wünschten nichts anderes, als ihre [zukünftige] Herrin zu begrüßen.

Bischof Pilgrim verabschiedet sich von Kriemhild: der Hufeisenturm von Mautern

Kriemhilds Übernachtungsstätte in Traismauer: Südwand und Tor des wiederentdeckten Restkastells

Kriemhild reitet weiter nach Tulln: das Römertor von Traismauer

2,6m
ADEG
2,6m

Rechts: Die 12 Recken des Nibelungenliedes? Das Apsteltor von St. Stefan

Vorerst zeigten die Gefolgsleute Kriemhilds und Etzels ihr Können bei Waffenspielen, Wettrennen, Wettreiten, Reiterkünsten, Bogenschießen auf Vögel und Turnierkämpfen. Danach erst arrangierte Rüdiger von Bechelaren der Etikette entsprechend die persönliche Begegnung zwischen Kriemhild und dem Hunnenkönig.

1348. Dô sprach zer küneginne der herre Rüedegêr:
»frouwe, iuch wil enpfâhen hie der künic hêr.
swen ich iuch heize küssen, daz sol sîn getân.
jane muget ir niht gelîche grüezen alle Etzelen man.«

1348. Da sprach Herr Rüdiger zur Königin: »Herrin, der erhabene König will Euch hier empfangen. Doch nur denjenigen, den ich Euch zu küssen auffordere, sollt Ihr einen Kuß geben. Ihr könnt nicht jeden Gefolgsmann Etzels auf dieselbe Weise küssen.«

1349. Dô huop man von dem mœre die küneginne hêr.
Etzel der vil rîche enbeite dô niht mêr.
er stuont von sînem rosse mit manigem küenen man.
man sah in vrœlîche gegen Kriemhilde gân.

1349. Da hob man vom Pferde die hehre Königin. Der mächtige Etzel zögerte nicht länger. Er und seine Gefolgsleute stiegen aus den Sätteln. Fröhlich sah man ihn auf Kriemhild zuschreiten.

1350. Zwêne fürsten rîche, als uns daz ist geseit,
bî der frouwen gênde trougen ir diu kleit,
dâ ir der künic Etzel hin engegen gie,
dâ si den fürsten edele kit kusse güetlîch enpfie.

1350. Zwei edle Fürsten, so berichtete man uns, die neben der Herrin gingen, trugen die Schleppe, als König Etzel ihr entgegenschritt und sie den vornehmen König freundlich mit einem Kuß empfing.

1351. Ûf ruhte si ir gebende. ir varwe wolgetân
diu lûht' ir ûz dem golde. dâ was vil manic man,
die jâhen, daz frou Helche niht schœner kunde sîn.
dâ bî sô stuont vil nâhen des küniges bruoder Blœdelîn.

1351. Sie schob den Schleier zurück. Ihr blühendes Antlitz leuchtete aus dem Goldschmuck hervor. Da waren viele Gefolgsleute, die sagten, daß Frau Helche nicht schöner gewesen sei. Ganz in der Nähe stand Blödel, der Bruder König Etzels.

1352. Den hiez si küssen Rüedegêr, der marcgrâve rîch,
unt den künec Gibechen. dâ stuont ouch Dietrîch.
der recken kuste zwelve daz Etzelen wîp.
do enpfie si sus mit gruoze vil maniges riters lîp.

Links: Nach Jahrhunderten verwittert: die Apostel von Tulln

1352. Rüdiger, der mächtige Markgraf, forderte Kriemhild auf, ihn [Blödel] zu küssen und auch König Gibich. Auch Dietrich stand bereit. Zwölf von den Recken küßte Etzels [zukünftige] Gemahlin. Dann empfing sie mit einfachem Gruß viele andere Ritter.

Glaubt man Historikern aus Tulln, so sind die zwölf von Kriemhild geküßten Recken heute noch zu sehen: am romanischen Westportal der Tullner Pfarrkirche St. Stephan, einem Bauwerk des 12. Jahrhunderts. Aus den beiden Torsäulen sind jeweils sechs Halbfiguren herausgemeißelt, eingerahmt von Rundbögen auf Säulchen mit Würfel- und Akanthuskapitellen, umrahmt von karolingischen Flechtwerkornamenten und lombardischem Vierriemengeflecht. Die zwölf Reliefbüsten mit den von Zeitläufen stark ramponierten Gesichtern stellen nach allgemeiner Auffassung die zwölf Apostel dar.
Das »Aposteltor« ist seit dem 12. Jahrhundert auch Brauttor der Kirche, und noch heute gilt es als glückbringend, wenn Brautpaare hindurchschreiten.
Es ist also durchaus vorstellbar, daß der Dichter des Nibelungenliedes augenzwinkernd die zwölf Apostel am Westportal meinte, als er schrieb, daß Kriemhild in Tulln zwölf Recken küßte.

Wien: Tränen bei der Hochzeit

Von Tulln reiste die Gesellschaft weiter nach Wien, wo Hochzeit gefeiert wurde. Kriemhild dachte an Siegfried und weinte in den Armen des ungeliebten König Etzel.
Für Gäste und Volk aber war die Hochzeitsfeier ein Freudenfest, ein Glanzereignis höfischer Prachtentfaltung. Fürsten und Gefolge feierten 17 Tage lang.
Dieser Zeitraum ist kein Zufall: 17 Tage hat auch die Hochzeit des Babenberger Herzogs Leopolds des Glorreichen mit der byzantinischen Prinzessin Theodora im Oktober 1203 gedauert. Bischof Wolfger war damals aus Passau angereist, um das Paar zu trauen, und mit ihm kamen viele Gefolgsleute und Künstler, unter ihnen Walther von der Vogelweide und, wie die Forschung als erwiesen ansieht, auch der Nibelungendichter. Denn seine Schilderung der Hunnenhochzeit liest sich wie ein Augenzeugenbericht der Babenberger-Hochzeit: Etzel und Kriemhild vollbrachten Wunder an Freigebigkeit, sie beschenkten Hochzeitsgäste mit Schmuck, Gold, Silber und wertvollen Gewändern. Ihre Gefolgsleute waren in so stattlicher Zahl

gekommen, daß sie außerhalb der Stadtmauern in Zelten übernachten mußten.

Heute sind in Wien keine Bühnenbilder des Nibelungenliedes erhalten, nicht einmal Spuren von der Babenberger Burg, dem Sitz der Herzöge, den Walther von der Vogelweide als »wünneclichen hof zu Wien« besang. Durchreisende Dichter genossen dort die Gastfreundschaft und saßen an der Tafelrunde des Herzogs, einige Dichter lebten sogar jahrelang bei Hofe, so etwa Reinmar von Hagenau und auch Walther von der Vogelweide (bevor er sich 1198 mit dem Glorreichen überwarf, Wien verließ und eine Weile an den Passauer Bischofssitz zog). Die Forschung nimmt sicher an, daß auch der Dichter des Nibelungenliedes gelegentlich Gast der Herzöge war.

Nur die Adresse »Am Hof« erinnert noch an den »wünneclichen hof« – und an die Zeiten, als der Dichter des Nibelungenliedes die 17tägige Babenberger Hochzeit als 17tägige Hunnenhochzeit beschrieb.

Nach dem 17. Tag reisten Kriemhild und Etzel mit Gefolge donauabwärts an den Ruinen von Carnuntum vorbei, dem ehemaligen Hauptstützpunkt an der pannonischen Donaugrenze.

Wenige Kilometer weiter, in der Grenzstadt Heimburc – heute Hainburg – blieben Kriemhild und Etzel über Nacht. Das angemessene Ambiente dafür bot die Burg auf dem Berg, errichtet im Jahre 898 von Graf Heimo, dem Truchseß des Kaisers Arnulf. Noch heute ist sie ein Wahrzeichen der Stadt. Auch andere imposante Bauwerke aus der Zeit des Nibelungendichters sind erhalten: der Theodorapalast, erbaut von Leopold dem Glorreichen, benannt nach seiner Gemahlin Theodora; und das Ungartor mit Fallgitter, unter dem die Reisenden anderntags in Richtung Misenburg ritten, das heute Mosonmagyaróvár heißt.

Per »Schwabeln« zur Etzelburg

Von Misenburg aus reisten sie per »Schwabeln« etwa 140 Kilometer weiter bis zur Etzelburg in Gran, die – wie später noch näher ausgeführt wird – mit der Arpadenburg identisch ist. »Schwabeln« nannte man eine für diese Strecke typische Methode der Donauschiffahrt: Boote und Flöße wurden miteinander vertäut und ergaben eine zusammenhängende Fläche, die wie schwimmendes Land aussah:

1377. Ze Misenburc der rîchen dâ schiften si sich an.
daz wazzer wart verdecket von ross und ouch von man,
alsam ez erde wære, swaz man sîn vliezen sach.
die wegemüeden frouwen die heten senfte und ouch gemach.

1377. In Misenburg, der mächtigen Stadt, da gingen sie an Bord vieler Schiffe. Das Wasser war mit Roß und Rittern so bedeckt, als ob es der Erdboden wäre, was man da fließen sah. Die reisemüden Damen hatten es ruhig und bequem.

1378. Zesamene was geslozzen manic schif vil guot,
daz in niht enschadete die ünde noch diu fluot.
dar über was gespannen manic guot gezelt,
sam ob si noch hêten beidiu lant unde velt.

1378. Viele sichere Schiffe waren miteinander vertäut, so daß ihnen Wellenschlag und Strömung nicht schaden konnten. Darauf waren viele Zelte gespannt, als stünden sie noch auf Land und Feldern.

1379. Dô kômen disiu mære ze Etzelnburc von dan.
dô vreuten sich dar inne wîp unde man.
daz Helchen ingesinde, des ê diu frouwe pflac,
gelebten bî Kriemhilde manigen vrœlîchen tac.

1379. Die Kunde von ihrer Ankunft eilte ihnen voraus zur Etzelburg. Da freuten sich in der Burg die Frauen und die Männer. Helches Hofstaat, den die Herrin einst in ihrer Obhut hatte, sollte bei Kriemhild noch viel fröhliche Tage erleben.

1380. Dô stuont dâ wartende vil manic edel meit,
die von Helchen tôde heten manigiu leit.
siben künige tohter Kriemhilt noch dâ vant,
von den was gezieret wol allez Etzelen lant.

1380. Viele vornehme junge Frauen, die seit Helches Tod sehr traurig waren, hielten von der Warte Ausschau. Kriemhild traf noch sieben Königstöchter, die dem Land Etzels zur Zierde gereichten.

1381. Diu juncfrouwe Herrât noch des gesindes pflac,
diu Helchen swester tohter, an der vil tugende lac,
diu gemahele Dietrîches, eins edeln küneges kint:
diu tohter Näntwînes. diu hete vil der êren sint.

1381. Herrat, die junge Frau vornehmer Abstammung, hatte seither die Obhut über den weiblichen Hofstaat. Sie war die Tochter von Helches Schwester, reich an Tugenden, die Verlobte Dietrichs von Bern und eines Königs Kind: die Tochter Näntwines. Sie hat sich hohe Ehren erworben.

Römerbauten am Reiseweg: das Heidentor von Carnuntum

Auf dem Weg nach Hainburg: das Amphitheater der Legionäre

Kriemhilds und König Etzels Herberge: die Veste von Hainburg

Das Geschenk des Glorreichen für Theodora: der Theodorapalast

Unter dem Fallgitter reiten sie zur Etzelburg: das Ungartor in Hainburg

1382. Gegen der geste kümfte vreute sich ir muot.
ouch was dar zuo bereitet vil kreftigez guot.
wer kunde iu daz bescheiden, wie sît der künec saz?
si gelebten dâ zen Hiunen nie mit küneginne baz.

1382. Über die bevorstehende Ankunft der Gäste freuten sich alle. Auch war für die Vorbereitung dazu viel Geld und Gut aufgeboten worden. Wer könnte Euch berichten, wie der König später herrschte? Niemals lebten sie im Hunnenlande besser mit einer Königin.

1383. Do der künec mit sînem wîbe von dem stade reit,
wer ieslîchiu wære, daz wart dô wol geseit.
die edelen Kriemhilde si gruoztens deste baz.
hey wie gewalteclîche si sît an Helchen stat gesaz!

1383. Als der König mit seiner Gemahlin [von Bord ging und] vom Ufer heranritt, wurde Kriemhild jede der jungen Frauen vorgestellt. Umso freundlicher konnte Kriemhild jede begrüßen. Wie glanzvoll und mächtig nahm Kriemhild seither Helches Stelle ein!

Als neue Hunnenkönigin war Kriemhild bald hochverehrt und beliebt beim Volk. Nach sieben Jahren gebar sie einen Sohn: Ortlieb, den sie nach christlichem Brauch taufen ließ. König Etzel war außer sich vor Freude. Kriemhild gab sich ihm gegenüber als glückliche Gemahlin, als stolze Mutter, als gute Fürstin – doch sie hatte nur ein Ziel: Rache für Siegfried!
Nach 13 Jahren glaubte sie die Zeit gekommen. Sie ersuchte König Etzel, ihre Brüder Gunther, Gernot und Giselher mit Gefolge als Gäste ins Hunnenland zu bitten. Boten ritten nach Worms und überbrachten die Einladung.
Mit Vasallen, 1065 kampferprobten Rittern und 9000 Knappen zogen die Burgunden zur Etzelburg.
Der Dichter nennt sie fortan Nibelungen, wohl nach dem Nibelungenhort, dessen Fluch sich für die neuen Besitzer zu erfüllen begann. Denn die Reise der Nibelungen ins Hunnenland war eine Reise in den Tod.

Die Weissagung vom Untergang der Nibelungen

Die Nibelungen reisten auf demselben Weg, den Kriemhild einstmals zurückgelegt hatte: Bei Vergen, dem heutigen Pförring, kamen sie an die Donau. Doch diesmal hatten sich die Fährmänner verborgen. Hagen versuchte sie zu finden – und entdeckte Zauberfrauen, die ihm den Untergang der Nibelungen weissagten.

1533. Dô suocht' er nâch den vergen wider unde dan.
er hôrte wazzer giezen – losen er began –
in einem schœnen brunnen: daz tâten wîsiu wîp.
die wolden sich dâ küelen unde badeten ir lîp.

1533. Er suchte nach den Fährmännern stromauf und stromab. Er hörte Wasser rauschen an einer schönen Quelle und begann zu horchen: Das Rauschen kam von weisen Zauberfrauen, die sich erfrischen wollten und badeten.

1534. Hagen wart ir innen, er sleich in tougen nâch.
dô si daz versunnen, dô wart in dannen gâch.
daz si im entrunnen, des wâret si vil hêr.
er nam in ir gewæte; der helt enschadete in niht mêr.

1534. Hagen gewahrte sie, er schlich ihnen heimlich nach. Als sie das bemerkten, wollten sie schnellstens flüchten. Daß sie ihm entronnen waren, stimmte sie froh. Er nahm ihnen die Gewänder weg, sonst tat der Held ihnen nichts Böses an.

1535. Dô sprach daz eine merewîp, Hadeburc was si genant:
»edel ritter Hagene, wir tuon iu hie bekant,
swenne ir uns, degen küene, gebet wider unser wât,
wie iu zuo den Hiunen disiu hovereise ergât.«

1835. Das sprach die eine Zauberfrau, Hadeburg genannt: »Edler Ritter Hagen, wenn Ihr, kühner Held, uns die Gewänder wiedergebt – dann weissagen wir Euch, wie es Euch bei der Hoffahrt zu den Hunnen ergehen wird.«

1536. Si swebten sam die vogele vor im ûf der fluot.
des dûhten in ir sinne stark und guot.
swaz si im sagen wolden, er geloubt ez deste baz.
des er dô hin z'in gerte, vil wol bescheideten si im daz.

1536. Wie Vögel schwebten sie auf den Wogen. Daran erkannte Hagen, daß [sie weise Frauen waren und] ihre Weissagungen echt und richtig sein mußten. Umso mehr war er zu glauben bereit, was sie ihm sagte, und sie beschieden ihm das, was er zu hören wünschte.

Hagen trifft die weissagenden Frauen: die Orakelstätte der Kelsbachquellen

1537. Si sprach: »ir muget wol rîten in Etzelen lant.
des setze ich iu ze bürgen mîne triuwe hie zehant,
daz helde nie gefuoren in deheiniu rîche baz
nâch alsô grôzen êren. nu geloubet wærlîche daz.«

1537. Sie sprach: »Ihr könnt getrost reiten in König Etzels Land. Ich verbürge mich mit meinem Wort, daß Helden noch nie in ein Königreich mit so ehrenvoller Erwartung gereist sind. Ihr könnt mir wahrlich glauben.«

1538. Der rede was dô Hagene in sînem herzen hêr.
dô gap er in ir kleider und sûmte sich niht mêr.
dô si dô an geleiten ir wunderlîch gewant,
dô sagten si im rehte die reise in Etzelen lant.

1538. Die Worte freuten Hagen von Herzen. Da gab er ihnen die Gewänder zurück und wollte nicht mehr länger bleiben. Doch als sie ihre wundersamen Gewänder wieder angelegt hatten – da sagten sie ihm die Wahrheit über die Reise in Etzels Land.

1539. Dô sprach daz ander merewîp – diu hiez Sigelint:
»ich wil dich warnen, Hagene, daz Aldrîânes kint.
durch der waete liebe hât mîn muome dir gelogen.
kumestu hin zen Hiunen, sô bistu sêre betrogen.

1539. Da sprach die andere Wasserfrau, Siegelind geheißen: »Ich will dich warnen, Hagen, Sohn Aldrians. Um die Gewänder wiederzubekommen, hat meine Muhme dich belogen. Wenn du zu den Hunnen kommst – dann bist du verraten.

1540. Jâ soltu kêren widere! daz ist an der zît.
wand ir helde küene alsô geladet sît,
daz ir sterben müezet in Etzelen lant.
swelhe dar gerîtent, die habent den tôt an der hant.«

1540. Wahrlich – du sollst umkehren! Noch ist Zeit. Denn Ihr kühnen Recken seid nur geladen, damit Ihr in Etzels Land sterben sollt. Alle, die dorthin reiten, die haben den Tod an der Hand.«

1541. Dô sprach aber Hagene: »ir trieget âne nôt.
wie möhtez sich gefüegen, daz wir alle tôt
solden dâ belîben durch iemannes haz?«
si begonden im diu mære sagen küntlîcher baz.

1541. Da aber sprach Hagen: »Ihr versucht mich vergeblich zu täuschen. Wie soll es denn geschehen, daß wir alle dort sterben sollten – nur weil ein einziger Mensch uns Böses will?« Und nun weissagten sie ihm noch Genaueres.

1542. Dô sprach aber diu eine: »ez muoz alsô wesen,
daz iuwer deheiner kan dâ niht genesen,
niwan des küneges kappelân, daz ist uns wol bekant.
der kumet gesund widere in daz Guntheres lant.«

1542. Da sagte wiederum die andere [Hadeburg]: »Es ist Euch bestimmt, daß keiner am Leben bleibt – außer dem Kaplan des Königs, wir wissen es wohl. Er kehrt lebend zurück in Gunthers Land.«

Die Quelle der Zauberfrauen

Der Dichter hat diese mythische Szene auf eine zu seiner Zeit allgemein bekannte Orakelstätte projiziert: auf das Quellgebiet des Kelsbachs, das schon zur Römerzeit durch einen Gedenkstein als Heiligtum der drei Parzen (Schicksalsfrauen) ausgewiesen war. Im Mittelalter wähnte das dämonengläubige Volk – wie aus einer Chronik hervorgeht – dort weissagende Frauen, die bei Nacht im Quellteich badeten und tagsüber auf einer Insel in der Rabenburg hausten.
Was der Dichter »darüber sagt, kann den vollen wert eines historischen dokuments beanspruchen«, schreibt der Historiker Leo Weber in der Zeitschrift für deutsches Altertum und deutsche Literatur (Jahrgang 63, 1926). Und: »Wenn die schilderung bis in einzelheiten mit der örtlichkeit derart vertraut sich zeigt, ... muß das gelände dem dichter zumindest sehr vertraut gewesen sein.«
Die Kelsbachquellen waren namengebend für den 884 erstmals urkundlich erwähnten, aber wohl viel älteren Kelsgau, der sich weit über die Donau aufs andere Ufer erstreckt, außerdem für die etwa 25 Kilometer entfernte Stadt Kelheim und für das Römerkastell Celeusum. Für den Historiker Leo Weber ist dies der Beweis dafür, »daß die quellen des kelsbachs eine uralte, bereits in vorrömischer zeit bekannte cultstätte gewesen sind«.
Der dort gefundene römische Gedenkstein mit der Inschrift PARCIS SOCROM MARTELLVS (Den Parzen geweiht von Martellus) kam als Ausstellungsobjekt ins Bayerische Nationalmuseum und wurde während des Zweiten Weltkrieges bei einem Bombenangriff verschüttet. Nur die schriftliche Dokumentation des Parzensteins blieb erhalten.
Die Rabenburg, zu unbekannter Zeit von den Öttlinger Rittern erbaut, ist heute eine Ruine.

Wer mit dem Nibelungenlied als Reiseführer in der Hand die Quelle der weissagenden Frauen besuchen möchte, geht von Pförring nach Ettling, bis die Straße auf einen Hügel führt. Vor der Steigung liegen rechts im Gelände eines Bauernhofes die Kelsbachquellen.

*Links:
Die Weissagung vom Untergang: die Rabenburg auf der Kelsbachinsel*

Das Wunder von Großmehring

Von der Orakelstätte ging Hagen einige Kilometer flußaufwärts nach Moeringen, dem heutigen Großmehring. Dort traf er einen Fährmann, der die Überfuhr verweigerte. Hagen erschlug ihn, erbeutete das Fährschiff und setzte die Nibelungen über.
Zum Schluß warf er völlig unvermittelt den Kaplan des Königs in die Donau. Und nun geschah ein Wunder: Der Kaplan, der nicht schwimmen konnte – konnte auf einmal schwimmen, er gewann das andere Ufer, schüttelte das Wasser aus den Kleidern und wanderte zurück ins Burgundenland. Sogleich schlug Hagen das Fährschiff in Stücke.
Über sein sonderbares Verhalten befragt, erging er sich zunächst in dunklen Andeutungen: »Falls wir einen Feigling unter uns haben sollten, kann er sich nicht mehr aus dem Staube machen und heimwärts flüchten.«
Später wurde er deutlicher:

1587. »Nu enthaltet iuch«, sprach Hagene, »ritter unde kneht.
man sol friunden volgen. jâ dunket ez mich reht.
vil ungefüegiu mære diu tuon ich iu bekant:
wir enkomen nimmer widere in der Burgonden lant.

1587. »Haltet ein, Ihr Ritter und Knappen«, sprach Hagen, »unter Freunden soll man Gefolgschaftstreue halten – wahrlich, das scheint mir höchste Pflicht zu sein. Ich offenbare Euch jetzt eine furchtbare Botschaft: Wir werden nimmer heimkehren ins Burgundenland.

1588. Daz sageten mir zwei merwîp hiute morgen fruo,
daz wir niht kœmen widere. nu rât ich, waz man tuo:
daz ir iuch wâfent, helde. ir sult iuch wol bewarn!
wir hân hie starke fîende, daz wir gewärlîche varn.

1588. Das sagten mir zwei Zauberfrauen heute in der Früh: Daß wir nicht heimkehren werden. Nun gebe ich Euch einen Rat: Daß Ihr Euch wappnet, Helden. Ihr sollt Euch gut schützen! Wir haben hier starke Feinde, so daß wir in voller Bewaffnung reisen.

1589. Ich wânde an lügen finden diu wilden merwîp.
si jâhen, daz gesunder unser deheines lîp
wider ze lande kœme niwan der kappelân.
dar umb ich in wolde so gerne hiut ertrenket hân.«

1589. Ich hoffte sie bei einer Lüge ertappen zu können, die fremdartigen Wasserfrauen. Sie hatten mir gesagt, daß keiner von uns lebend heimkehren würde außer dem Kaplan. Deshalb hätte ich ihn heute so gerne ertränkt.«

1590. Dô flugen disiu mære von schare ze schar.
des wurden snelle helde vor leide missevar,
dô si begonden sorgen ûf den herten tôt
an dirre hovereise; des gie in wærlîche nôt.

1590. Da flog diese Kunde von Schar zu Schar. Die tapferen Helden wurden blaß vor Schrecken, da sie die Sorge ergriff vor dem grimmen Tod auf dieser Hoffahrt: Dazu hatten sie wirklich allen Grund.

Sie ritten weiter ostwärts. In Bechelaren machten sie ausgiebig Rast, gastfreundlich empfangen und reich beschenkt von Markgraf Rüdiger und seiner Gemahlin Gotelind. König Gunther erhielt eine Rüstung, Gernot ein Schwert, Hagen von Tronje den Schild von Rüdigers gefallenem Sohn Nudung. Spielmann Volker von Alzey bekam aus der Hand Gotelinds zwölf goldene Armreifen zum Dank für seinen Gesang und sein Spiel. Giselher, der jüngste Burgundenkönig, vermählte sich mit Rüdigers Tochter. Er wollte sie bei seiner Rückreise aus der Etzelburg mit heimnehmen ins Burgundenland.
Nach vier Tagen in der Markgrafenburg reisten die Nibelungen weiter die Donau entlang. Rüdiger von Bechelaren gab ihnen das Geleit.

Rüdiger von Bechelaren: hinterrücks erschossen?

Auf dem weiteren Reiseweg, in Traismauer, ist eine Besonderheit zu erwähnen, die in merkwürdigem Zusammenhang mit dem Markgrafen von Bechelaren steht:
Traismauer war das östliche Bollwerk der zeitweilig nach Bechelaren benannten Markgrafschaft zwischen den Grenzflüssen Enns und Traisen. Unterhalb der heutigen Pfarrkirche von Traismauer ruhte in einer verschütteten Grabkammer, seit Jahrhunderten vergessen, ein toter Ritter. 1975 förderten archäologische Ausgrabungen das Prunkgrab mit dem Skelett zutage. Zwischen den Gebeinen lag eine dreiflügelige Pfeilspitze. Bei weiteren Gra-

bungen entdeckten die Archäologen unter dem Prunkgrab die Kommandozentrale des ehemaligen Römerkastells.
Archäologen, Anthropologen und Historiker bildeten eine Sonderkommission und kamen zu folgenden Ergebnissen: Der Ritter war 1,69 Meter groß, Rechtshänder, etwa 30 Jahre alt und zeigte die im Mittelalter typischen Merkmale aristokratischer Abstammung: graziles Skelett und langer Schädel. Seine auffallend verdrehte Wirbelsäule, der überstreckte Hals und die Volarflexion (Pfötchenstellung) der Hände verrieten die Todesursache: Wundstarrkrampf. Die Lage der Pfeilspitze ließ den Schluß zu: Der Pfeilschütze hatte von hinten auf den Markgrafen geschossen.
Die Grabkammer war mit 6 mal 6 Meter Grundriß vergleichsweise groß: eindeutiges Indiz für den hohen sozialen Status des Ritters. Das Skelett lag auf einem nur für hochgestellte Persönlichkeiten vorgesehenen Totenbrett und war in ein Prunkgewand gehüllt, von dem nur vergoldete Silberfäden orientalischer Herkunft erhalten waren. Silberfäden dieser Art gab es erst ab 900. Insofern war ein Terminus post quem gegeben, also ein Zeitpunkt, ab dem der Ritter gestorben sein muß. Der Terminus ante quem ergab sich aus der Mauertechnik, die beim Bau der Grabkammer angewandt wurde: 800 bis 950. Die Pfeilspitze erwies sich für die Ermittlung des Todeszeitpunktes als bedeutungslos. Dreiflügelige Spitzen dieser Art waren über einen längeren Zeitraum hinweg waffentechnisch der letzte Schrei.
Resümee:
1. Der Ritter starb zwischen den Jahren 900 und 950. Indizien: Goldfäden ab 900, Mauertechnik bis 950.
3. Er war Markgraf. Indiz: die fürstliche Bestattung in der Grenzbastion einer Markgrafschaft.
3. Er war Christ. Indiz: der Bau einer Kirche über seinem Prunkgrab.
Für seine Identität werden zwei historische Persönlichkeiten in Anspruch genommen: der karolingische Grenzgraf Cadaloc aus der Zeit Karls des Großen und – Markgraf Rüdiger von Bechelaren!
Gegen Cadaloc spricht, daß die vergoldeten Silberfäden des Prunkgewandes laut Lehrmeinung erst ab 900 hergestellt wurden. Cadaloc starb jedoch im Jahre 802. Außerdem: die Identität Cadalocs »ist durch kein unumstößliches Indiz abgesichert. Es fehlt nicht nur die direkte Ereignisnotiz in der Überlieferung, sondern auch jede Nachricht, die Herkunft und Schicksal ... aufhellen würde.« (Alois Mosser: Traismauer, in: Fundberichte aus Österreich, Bd. 16, 1977)
Freilich gibt es auch keinen unumstößlichen Beweis dafür, daß der historische Rüdiger von Bechelaren dort im Prunkgrab liegt – wohl aber einen erstaunlichen Hinweis: Im Totenbuch des einstmals für Traismauer zuständigen Klosters St. Andrae an der Traisen – also dem östlichen Grenzfluß der Markgrafschaft Bechelaren – ist ein »Rudegerus marchio« (Markgraf Rüdiger) ohne Todesjahr eingetragen.

Markgraf
Rüdiger von Bechelaren?
Der tote Ritter von
Traismauer

Soweit wir wissen, gab es nur einen historischen Rüdiger von Bechelaren. Er spielte im Grenzgebiet an der Traisen eine mit lehnsrechtlichen Treuepflichten schwer vereinbare Vermittlerrolle zwischen den Bayernherzog Arnulf (907–937) und den heidnischen Magyaren.

Dieser Markgraf war das literarische Vorbild des Rüdiger von Bechelaren aus dem Nibelungenlied, der, wie wir noch sehen werden, auf der Etzelburg durch doppelte Treuepflichten in tödliche Gewissensnot geriet.

Die Königsburg in Gran
Schauplatz des Untergangs

Ein Bühnenbild – versunken, vergessen, wiederentdeckt

Boten ritten voraus zur Etzelburg in Gran und meldeten den Anmarsch der Nibelungen. Die Etzelburg des Nibelungenliedes hat seit Beginn der Nibelungenforschung im vorigen Jahrhundert ganze Generationen von Gelehrten vor ein Rätsel gestellt: Sosehr sie auch suchten, sie fanden keine Burg in Gran (dem heutigen Esztergom). – Obwohl es eine geben mußte! Denn Gran war römisches Kastell, östliche Grenzfestung des Merowingerreiches, Residenz der Arpaden und Hauptstadt des Königreiches Ungarn bis 1241.

Erst 1934 entdeckten Archäologen auf dem Stadtberg zufällig einige Mauerreste, sie gruben weiter und brachten im Laufe einiger Jahre die Königsburg der Arpaden aus dem Erdboden ans Licht. Der Königsthron war völlig zerstört. Nur ein paar Marmorscherben wurden gefunden und mit Sandstein zu einer Rekonstruktion verarbeitet, die uns heute eine Vorstellung vom Arpadenthron vermittelt.

Historiker stellten fest: Die Arpadenburg, von Bela III. ab 1173 erbaut, war während der türkischen Besatzungszeit 1543 und 1683 zugeschüttet und danach – man glaubt es kaum – vergessen worden. Nibelungenforscher wiesen nach: Der Dichter hatte die Arpadenburg vor Augen, als er die Etzelburg beschrieb, und analog dazu war der Arpadenthron in seiner Phantasie auch König Etzels Thron, das Symbol für Macht und Reichtum des Hunnenkönigs.

Allerdings sind die Schauplätze in der Burg wesentlich kleiner und enger als im Nibelungenlied beschrieben. Über tausend Nibelungen beispielsweise konnten in einem Saal weder übernachten noch gegen eine Übermacht kämpfen. Der Dichter hat also mit dem Recht der schöpferischen Freiheit die Räume gleichsam maßstabgerecht vergrößert, um genügend Platz für die gewaltigen Szenen zu haben.

Seine Ortskenntnisse lassen den Schluß zu, daß er Gast auf der Arpadenburg war, und zwar aus einem höchst spektakulären Anlaß:

In Textstellen und Schlüsselszenen, die hier nicht einzeln aufgeführt werden können, signalisiert der Dichter, daß er Teilnehmer des Barbarossa-Kreuzzuges war und 1189 bei der Durchreise in Gran offenbar auf der Arpadenburg weilte. Tatsächlich hat König Bela III. 1189 die Prominenz der Kreuzritter auf seine Burg geladen: Kaiser Friedrich mit engstem Gefolge, weltliche und geistliche Fürsten – und auch einige Dichter.

Dietrich von Bern warnt vor Kriemhilds Rache

Von der Etzelburg aus sah Kriemhild als erste die Nibelungen am südlichen Donauufer heranreiten. 1065 Ritter und 9000 Knappen bildeten eine Reiterreihe bis zum Horizont – wie ein Kreuzfahrerheer.
Der alte Waffenmeister Hildebrand erfuhr von ihrer Ankunft. Er eilte sogleich zu Dietrich von Bern, der satteln ließ und mit seinen Gefolgsleuten den Nibelungen am Donauufer entgegenritt: »Seid willkommen, Ihr Herren Gunther und Giselher, Gernot und Hagen, ebenso Herr Volker und der tapfere Dankwart. Wißt Ihr nicht: Kriemhild weint noch immer um Siegfried, dem Helden aus dem Nibelungenland?«
»Sie mag lange weinen«, sagte Hagen, »Siegfried kommt nicht wieder. Er ist längst begraben.«
Dietrich von Bern warnte vor dem Besuch auf der Etzelburg – und vor Kriemhilds Rache. Nach einigem Wortwechsel verlor Volker die Geduld:

1731. »Ez ist et unerwendet«, sprach der küene man,
Volkêr der videlære, »daz wir vernomen hân.
wir suln ze hove rîten und suln lâzen sehen,
waz uns vil snellen degenen dâ zen Hiunen müge geschehen.«

1731. »Es ist unabwendbar, was wir [als Weissagung der Zauberfrauen] vernommen haben«, sprach der kühne Gefolgsmann Volker, der Spielmann. »Laßt uns in die Burg reiten und sehen, was wir tapferen Helden bei den Hunnen erleben.«

1732. Die küenen Burgonden hin zu hove riten.
si kômen hêrlîche nâch ir landes siten.
dô wunderte dâ zen Hiunen vil manegen küenen man
umb Hagen von Tronege, wie der wære getân.

1732. Die kühnen Burgunden ritten zu Etzels Hof. Sie kamen in vornehmer Art daher, wie es Brauch ist bei ihnen. Da waren viele tapfere Männer der Hunnen neugierig auf Hagen von Tronje, was für ein Mann er wäre.

1733. Durch daz man sagete mære – des was im genuoc –;
daz er von Niderlande Sîfriden sluoc,
sterkest aller recken, den Kriemhilde man.
des wart michel vrâge ze hove nâch Hagene getân.

1733. Denn es war die Kunde verbreitet worden – die ja zur Genüge bekannt war –, daß er Siegfried von den Niederlanden erschlagen habe! Den stärksten aller Recken, Kriemhilds [früheren] Gemahl. Da gab es am Hofe viele Fragen nach Hagen.

Die Etzelburg des Nibelungenliedes: die Königsburg der Arpaden

S. 144: Symbol für König Etzels Macht: der Arpadenthron

S. 145: Kriemhild sieht die Nibelungen heranreiten. Blick von der Etzelburg auf die Donau.

Reitweg der Nibelungen:
alter Aufgang zur
Arpadenburg

Hagens Beute: Siegfrieds Schwert

Über den ehemaligen Reitweg – den heutigen Fußweg – ritten die Nibelungen empor zum Burgberg von Gran.
Könige und Ritter bezogen ihr Quartier im Saal der Etzelburg. Die Knappen wurden – einem wohlbedachten Plan Kriemhilds entsprechend – abseits in einer Herberge untergebracht: auf dem nordöstlichen Teil des Bergplateaus, wo die heute zu Ruinenresten zerfallenen Wohn- und Gesinderäume lagen.
Kriemhild kam in die Burg und begrüßte nur Giselher mit einem Kuß, die anderen Brüder zurückhaltend. Von Hagen wollte sie grußlos wissen, ob er ihr den Nibelungenhort mitgebracht hat.
Hagen schüttelte den Kopf: »Den haben meine Herren in den Rhein versenken lassen, dort wird er wohl liegen bleiben bis zum Jüngsten Tag.«
Kriemhilds Forderung, die Waffen abzugeben, lehnte Hagen im Namen der Nibelungen ab. Wütend zog Kriemhild sich zurück.
Wenig später sah sie Hagen und Volker auf einer Bank vor der Etzelburg sitzen. Sogleich plante sie einen Anschlag: Mit der Krone auf dem Haupt schritt sie an der Spitze ihrer Gefolgsleute auf die beiden zu.
Hagen und Volker blieben sitzen. Eine ungeheuerliche Provokation gegenüber der Fürstin. Demonstrativ legte Hagen ein Schwert über die Knie. Kriemhild stutzte: goldener Griff, grünleuchtender Jaspis am Knauf, die Scheide mit roter Borte umwickelt – das war Siegfrieds Schwert Balmung! Hagen hatte es nach dem Mord als Beute behalten. »Ihr habt Siegfried erschlagen«, sagte Kriemhild unter Tränen.
»Ja, was soll's! Es ist lange darum herumgeredet worden: Ich bin Hagen, der Siegfried erschlug.«
Das Geständnis! Die Gelegenheit zum Angriff – doch 400 Gefolgsmänner Kriemhilds verweigerten ihrer Herrin den Befehl. Sie fürchteten um ihr Leben. Hagen von Tronje und Volker von Alzey galten als unbesiegbar.
Kurz darauf bat der Hunnenkönig zum offiziellen Empfang in den Thronsaal. Die Atmosphäre war herzlich und entspannt. Offensichtlich hatte König Etzel keine Ahnung von den Rachepläne seiner Gemahlin.

Die Nachtwache

Der Abend des Sonnwendtages zog herauf. Reisemüde begaben sich die Nibelungen zur Ruhe in den Saal der Etzelburg. Hagen und Volker – die inzwischen Waffenbrüderschaft geschlossen hatten – übernahmen die Nachtwache, Spielmann Volker sang vorher noch ein paar Lieder:

1834. Under die tür des hûses saz er ûf den stein.
kïener videlære der wart nie dehein.
dô im der seiten dœnen sô süezechlîch erklanc,
die stolzen ellenden sagtens Volkêren danc.

Schauplatz der Nachtwache: Tor in der Arpadenburg

1834. Unter der Tür des Hauses setzte er sich auf den Stein. Einen kühneren Spielmann hat es nie gegeben. Als er den Ton seiner Saiten so lieblich erklingen ließ, dankten es Volker die stolzen Weitgereisten.

1835. Dô klungen sîne seiten, daz al daz hûs erdôz.
sîn ellen zuo der fuoge diu beidiu wâren grôz.
ie süezer und süezer er videln began.
do entswebte er an den betten vil manegen sorgenden man.

1835. Da erklangen die Saiten, daß der ganze Palast widerhallte. Seine Tapferkeit und seine Künste waren gleichermaßen groß. Immer lieblicher und lieblicher wurde sein Spiel. Da entführte er sie in den Schlaf, die von Sorgen bedrückten Männer in ihren Betten.

1836. Dô si entslâfen wâren und er daz ervant,
dô nam der degen widere den schilt an die hant,
und gie ûz dem gademe für den türn stân
und huote der ellenden vor den Kriemhilde man.

1836. Als er merkte, daß sie eingeschlafen waren, da nahm der Held wieder den Schild zur Hand und ging aus dem Saal vor die Tür und beschützte die Weitgereisten vor Kriemhilds Gefolgsmännern.

1837. Des nahtes wol enmitten, ine weiz, iz ê geschach,
daz Volkêr der küene einen helm schînen sach
verre ûz einer vinster: die Kriemhilde man
die wolden an den gesten gerne schaden hân getân.

1837. Es war wohl um Mitternacht – ich weiß nicht, ob es etwas eher geschah –, als der kühne Volker einen Helm schimmern sah, fern irgendwo in der Finsternis: Kriemhilds Gefolgsmänner wollten den Gästen ans Leben.

1838. Dô sprach der videlære: »friunt Hagene,
uns zimt disiu sorge ensamt ze tragene.
ich sihe gewâfent liute vor dem hûse stên.
als ich mich versinne, ich wæne si wellent uns bestên.«

1838. Da sprach der Spielmann: »Freund Hagen. Uns beiden obliegt es, die Gefahr [für unsere Leute] abzuwenden. Ich sehe bewaffnete Männer vor dem Hause stehen. So wie ich es einschätze, wollen sie uns angreifen.«

1839. »So swîget«, sprach dô Hagene, »lât si uns her nâher baz.
ê si unser werden innen, sô wirt hie helmvaz
verrucket mit den swerten von unser zweier hant.
si werdent Kriemhilde hin wider übele gesant.«

1839. »So schweigt still«, sprach da Hagen, »laßt sie näher an uns herankommen. Bevor sie uns bemerken, werden wir ihnen mit unseren Schwertern die Helme zurechtrücken. Wir werden sie übel zugerichtet zu Kriemhild zurückschicken.«

1840. Ein der Hiunen recken vil schiere daz gesach,
daz diu tür was behüetet. wie balde er dô sprach:
»des wir dâ heten willen, jan mag es niht ergân.
ich sihe den videlære an der schiltwahte stân.

1840. Einer der hunnischen Recken bemerkte rechtzeitig, daß die Tür bewacht war. Sogleich sprach er: »Was wir vorhaben, kann nicht geschehen. Ich sehe den Spielmann dort Schildwache halten.

1841. Der treit ûf sînem houbte einen helm glanz,
lûter und herte, starc unde ganz.
ouch louhten im die ringe, sam daz fiwer tuot.
bî im stêt ouch Hagene. des sint die geste wol behuot.«

1841. Der trägt auf dem Kopf einen glänzenden Helm, hell und hart, massiv und unversehrt. Auch funkeln seine Panzerringe wie Feuer. Bei ihm steht auch Hagen. Deshalb sind die Gäste wohl behütet.«

1842. Zehant si kêrten widere. dô Volkêr daz ersach,
wider sînen gesellen er zorneclîchen sprach:
»nu lât mich zuo den recken von dem hûse gân.
ich wil vrâgen mære der froun Kriemhilde man.«

1842. Unverzüglich kehrten sie um. Als Volker das sah, sagte er zornig zu seinem Gefährten: »Laßt mich vom Hause fort zu den Recken gehen, ich will sie nach ihren Absichten fragen, die Gefolgsleute der Herrin Kriemhild.«

Rechts: Angriffswege der Hunnen: Innenhof in der Arpadenburg

1843. »Nein durch mîne liebe«, sprach dô Hagene.
»komt ir von dem hûse, die snellen degene
bringent iuch mit swerten vil lîhte in sölhe nôt,
daz ich iu müese helfen, und wær ez aller mîner mâge tôt.

1843. »Nein, tut das mir zuliebe nicht«, sprach da Hagen, »wenn Ihr Euch vom Haus entfernt, so bringen Euch die tapferen Ritter mit Schwertern vielleicht in solche Not, daß ich Euch helfen muß – auch wenn das der Tod aller unserer Leute wäre.

1844. Sô wir danne beide komen in den strît,
ir zwêne oder viere in einer kurzen zît
sprungen zuo dem hûse unde tæten uns diu leit
an den slâfenden recken, diu nimmer würden verkleit.«

1844. Wenn wir dann beide in Kämpfe verstrickt wären, würden zwei oder vier von ihnen augenblicklich zum Haus springen und den schlafenden Recken solches Unheil zufügen, daß man es nimmermehr verschmerzen könnte.«

1845. Dô sprach aber Volkêr: »sô lât daz geschehen,
daz wir si bringen innen, daz ich si habe gesehen.
daz des iht haben lougen die Kriemhilde man,
daz si ungetriuwelîche vil gerne hêten getân.«

1845. Da aber sprach Volker: »Laßt es zumindest zu, ihnen bewußt zu machen, daß ich sie gesehen habe. Dann können Kriemhilds Gefolgsmänner später nicht leugnen, daß sie einen heimtückischen Anschlag verüben wollten.«

1846. Zehant dô rief in Volkêr hin engegene:
»wie gêt ir sus gewâfent, ir snellen degene?
welt ir schâchen rîten, ir Kriemhilde man?
dar sult ir mich zu helfe unde minen hergesellen hân.«

1846. Unverzüglich rief Volker ihnen entgegen: »Warum geht Ihr bewaffnet herum, Ihr tapferen Helden? Wollt Ihr einen Raubzug reiten, Ihr Gefolgsmänner Kriemhilds? Dann soll Euch Hilfe von mir und meinem Waffengefährten zuteil werden.«

1847. Des antwurte im niemen. zornec was sîn muot:
»pfî, ir zagen bœse«, sprach der helt guot,
»wolt ir slâfende uns ermordet hân?
daz ist sô guoten helden noch vil selten her getân.«

1847. Niemand antwortete ihm. Da wurde Volker zornig: »Pfui, Ihr erbärmlichen Feiglinge«, sprach der treffliche Held, »wolltet Ihr uns im Schlaf ermorden? So etwas ist so trefflichen Helden bisher noch nie geschehen.«

1848. Dô wart der küneginne vil rehte geseit,
daz ir boten niht enwurben. von schulden was ir leit.
dô fuogte si ez anders. vil grimmec was ir muot.
des muosen sît verderben helde küene unde guot.

1848. Da wurde der Königin ausführlich berichtet, daß ihre Sendboten keinen Erfolg hatten. Aus gutem Grund war sie verärgert. Da heckte sie einen anderen Plan aus. Sie war von Grimm erfüllt. Deshalb mußten später kühne und treffliche Helden ins Verderben stürzen.

1849. »Mir kuolent sô die ringe«, sô sprach Volkêr,
»jâ wæne diu naht uns welle nu niht wern mêr.
ich kiusez von dem lufte, ez ist vil schiere tac.«
dô wahten si der manigen, der noch slâfende lac.

1849. »Mir werden die Panzerringe kühl«, sprach Volker, »ich glaube, die Nacht währt nicht mehr lang. Ich spüre es am Morgenwind: Es ist bald Tag.« Da weckten sie die vielen, die noch im Schlafe lagen.

1850. Do erschein der der liehte morgen den gesten in den sal.
Hagen begonde wecken die ritter über al,
ob si zuo dem münster zer messe wolden gân.
nâch siten kristenlîchen man vil liuten began.

1850. Da leuchtete der lichte Morgen den Gästen in den Saal. Hagen weckte überall die Ritter: Ob sie ins Münster zur Messe gehen wollten? Nach christlichem Brauch begann man die Glocken gewaltig zu läuten.

Kriemhilds teuflischer Plan

Kriemhilds neuer Plan, in Strophe 1948 erwähnt, sah keinen Anschlag gegen Hagen mehr vor. Sie wollte Hagen vielmehr zu einer Tat provozieren, so grauenvoll und unverzeihlich, daß der mächtige König Etzel selbst den Kampf gegen die Nibelungen befehlen würde.
Beim anschließenden Festgelage in der Etzelburg ließ sie ihren Sohn Ortwin an die Tafel bringen. Gleichzeitig stiftete sie Etzels Bruder Blödel zu einem Mord an: Sie versprach ihm eine schöne Witwe, Geld, Gold, Burgen und eine Grenzmark, wenn er alle 9000 Knappen der Nibelungen in der Herberge erschlagen würde. Blödel sagte zu, scharte hunnische Recken um sich, überfiel die Herberge und tötete die 9000 Knappen. Nur Dankwart, Hagens Bruder, dem die Knappen anbefohlen waren, entkam dem Anschlag und kämpfte sich aus der Herberge zum Festsaal in die Etzelburg durch.
Dort tafelten festlich Etzel und seine Gäste.

1951. Also der küene Dancwart, under die tür getrat,
daz Etzeln gesinde er hôher wîchen bat.
mit bluote was berunnen allez sîn gewant.
ein vil starkez wâfen daz truog er blôz an sîner hant.

1951. Als der kühne Dankwart durch die Tür trat, wies er Etzels Gefolge zurück. Mit Blut besudelt war seine ganze Rüstung. Sein scharfes Schwert trug er blankgezogen in seiner Hand.

1952. Vil lûte rief dô Dancwart zuo dem degene:
»ir sitzet al ze lange, bruoder Hagene.
iu unde got von himele klag ich unser nôt:
ritter unde knehte sint in den herbergen tôt.«

1952. Laut rief Dankwart zu dem Helden [Hagen]: »Ihr sitzt schon zu lange [beim Festmahl], Bruder Hagen. Euch und Gott im Himmel klage ich unsere Not: Ritter und Knappen liegen tot in der Herberge.«

1953. Er rief im hin engegene: »wer hât daz getân?«
»daz hât der herre Blœdelîn unde sîne man.
ouch hât ers sêre engolten, daz wil ich iu sagen:
ich hân mit mînen handen im sîn houbet abe geslagen.«

1953. Hagen rief zurück: »Wer hat das getan?« – »Herr Blödel und seine Gefolgsmänner! Er hat allerdings auch sehr gebüßt dafür, das kann ich Euch sagen: Ich habe ihm eigenhändig das Haupt abgeschlagen.«

Der Kampf entbrennt

Und nun reagiert Hagen entsprechend Kriemhilds teuflischem Plan: Aus Rache für die 9 000 getöteten Knappen schlägt er ihrem Sohn Ortwin den Kopf ab. Im Nu entbrennt der Kampf:

1966. Volkêr der vil snelle von dem tische spranc,
sîn videlboge im lût an sîner hende erklanc.
dô videlte ungefuoge Guntheres spilman.
hey waz er im ze vîende der küene Hiunen gewan!

1966. Der tapfere Volker sprang vom Tisch auf. Sein Fiedelbogen [Schwert] erklang laut in seinen Händen. Da fiedelte Gunthers Spielmann auf ungewöhnliche Weise. Wie viele Feinde gewann er da unter den Hunnen!

1967. Ouch sprungen von den tischen die drîe künege hêr.
si woldenz gerne scheiden, ê daz schaden geschæhe mêr.
sine mohtenz mit ir sinnen dô niht understân,
dô Volkêr unde Hagene sô sêhre wüeten began.

1967. Auch die drei hehren Könige sprangen von den Tischen auf. Sie wollten gerne schlichten, bevor noch mehr Unheil geschah. Doch mit ihrer besonnenen Haltung konnten sie nichts verhindern, nachdem Volker und Hagen so sehr zu wüten begonnen hatten.

1968. Dô sah der vogt von Rîne ungescheiden den strît;
dô sluoc der fürste selbe vil manige wunden wît
durch die liehten ringe den vianden sîn.
er was ein helt zen handen, daz tet er grœzlîche schîn.

1968. Der Herrscher vom Rhein [Gunther] erkannte, daß der Kampf nicht mehr zu schlichten war. Da schlug der Fürst selbst seinen Feinden durch die Panzerringe hindurch viele tiefe Wunden. Er war ein wahrer Held, das zeigte er deutlich.

1969. Dô kom ouch zuo dem strîte der starke Gêrnôt.
jâ frumte er der Hiunen vil manegen helt tôt
mit einem scharpfen swerte, daz gab im Rüedegêr.
den Etzelen recken tet er diu grœzlîchen sêr.

1969. In den Kampf griff auch der starke Gernot ein. Fürwahr – er schlug manchen Helden der Hunnen tot mit dem scharfen Schwert, das ihm Rüdiger geschenkt hatte. Etzels Recken brachte er in äußerste Bedrängnis.

1970. Der junge sun froun Uoten zuo dem strîte spranc.
sîn wâfen hêrlîchen durch die helme erklanc
den Etzelen recken ûzer Hiunen lant.
dâ tet vil michel wunder des küenen Gîselheres hant.

1970. Der junge Sohn der Herrin Ute [Giselher] stürzte sich in den Kampf. Sein herrliches Schwert schnitt klingend durch die Helme von Etzels Recken aus dem Hunnenland. Da vollbrachte große Heldentaten der kühne Giselher.

1971. Swie frum si alle wæren, die künege und ouch ir man,
doch sach man vor in allen Gîselheren stân
gegen den vianden. er was ein helt guot.
er frumte dâ mit wunden vil manegen vallen in daz bluot.

1971. Wie tapfer sie auch alle waren, die Könige und auch ihre Gefolgsleute: vor ihnen allen sah man Giselher den Feinden gegenüberstehen. Er war ein trefflicher Held. Er verwundete viele und ließ sie in das Blut fallen.

1972. Ouch werten sich vil sêre die Etzeln man.
dô sach man die geste houwende gân
mit den vil liehten swerten durch des küneges sal.
dô hôrte man allenthalben von wuofe grœzlîchen schal.

1972. Auch Etzels Gefolgsmänner wehrten sich äußerst tapfer. Da sah man, wie sich die Gäste mit den strahlenden Schwertern durch des Königs Saal schlugen. Da hörte man überall furchtbares Kampfgeschrei.

1973. Dô wolden die dar ûz z'ir friunden sîn dar in.
die nâmen an den türen vil kleinen gewin.
dô wæren die dar inne vil gerne für den sal.
Dancwart liez ir deheinen die stiegen ûf unde ouch zetal.

1973. Da wollten die draußen zu ihren Freunden in den Saal. Sie hatten an der Tür nur geringen Erfolg. Da wären die drinnen gerne außerhalb des Saales gewesen. Doch Dankwart [der an der Tür stand] ließ keinen die Treppe herauf und hinunter.

Der Kampf wird kurz unterbrochen. Dietrich von Bern fordert freien Abzug.

Markgraf Rüdiger verliert seine Seele

Die Nibelungen stimmen zu. Er zieht sich mit seinen Gefolgsleuten, Kriemhild und König Etzel zurück. Rüdiger von Bechelaren beruft sich auf »steten Frieden unter Freunden« und darf ebenfalls mit seinem Gefolge den Saal verlassen.

Kaum sind sie draußen, wird der Saal zum Schauplatz einer ganzen Serie von Kampfszenen: Die Nibelungen erschlagen 7000 Hunnen und werfen sie aus dem Fenster. Markgraf Iring aus Dänemark versucht Hagen zu besiegen und verliert sein Leben. 1004 Dänen und Thüringer wollen Irings Tod rächen – und werden getötet. 20000 Hunnen stürmen im Auftrag Kriemhilds den Saal – und werden fast alle erschlagen. Kriemhild bietet den Nibelungen freies Geleit in die Heimat, wenn sie Hagen ausliefern würden, empört lehnen die Könige ab. Kriemhild läßt den Saal anzünden, die Nibelungen trinken in höchster Not das Blut der Gefallenen, die Hälfte von ihnen kommt um. Am nächsten Morgen glaubt Kriemhild den Widerstand gebrochen. 1200 Hunnen sollen in ihrem Auftrag die Überlebenden töten – und werden von den Nibelungen erschlagen.

Drastisch ist die Darstellung der Kämpfe, maßlos übertrieben die Zahl der Toten, spürbar die Absicht des Dichters: den Kampf in seinem Schrecken und seiner Verwerflichkeit darzustellen. Der Dichter will aber noch mehr: Er will zeigen, daß die Treuepflicht – eine der ruhmreichsten Tugenden des Ritters – zum Gewissenskonflikt führen kann, zum Treuebruch, zum »Verlust der Seele«. Deshalb drängt er Rüdiger von Bechelaren in den Gewissenskonflikt:

Rüdiger darf nicht kämpfen. Denn er hat die Nibelungen zur Etzelburg geleitet – mithin stehen sie unter seinem Schutz. Nach Ausbruch der Kämpfe erhielt er von den Nibelungen freies Geleit beim Abzug unter Berufung auf »steten Frieden unter Freunden« – und diesen steten Frieden kann er nicht brechen. Zudem ist er mit den Nibelungen verwandt, denn Giselher hat seine Tochter geheiratet.

Und nun bedrängt ihn Kriemhild mit einer ungeheuerlichen Forderung: Er soll die Nibelungen angreifen! Sie beruft sich auf Rüdigers lehnsrechtliche Pflichten ihrem Gemahl gegenüber und auf den Treue-Eid, den er ihr als Brautwerber einst am Rhein geschworen hat: Jede Kränkung zu vergelten, die man ihr zufüge.

Rüdiger gerät in eine Zwickmühle doppelter Treuepflichten. Wie immer er sich entscheidet – er wird, wie er sagt, »seine Seele verlieren«.

Rüdiger entscheidet sich für den Kampf.

Helden, die weinen

An der Spitze seiner Gefolgsmänner schreitet er zu den Nibelungen. »Setzt Euch zur Wehr, wir waren Freunde, so kann es nicht weiter bleiben!« Die Nibelungen wollen es nicht glauben, versuchen ihn umzustimmen, er versucht seine Gewissensnot zu erklären. Der Dialog verschärft sich. Giselher kündigt »die Freundschaft zu dir und deiner Tochter«. Der Kampf steht unmittelbar bevor – da ruft Hagen von Tronje: »Einen Augenblick noch!« Er bittet Rüdiger um einen Tausch: seinen von Kämpfen zerschlagenen Schild gegen den unversehrten Schild Rüdigers.

Alle schweigen. Sie sind ergriffen, denn sie verstehen Hagens versöhnliche Geste angesichts des Todes: Mit der Bitte um einen Freundschaftsdienst signalisiert Hagen, daß er Rüdiger versteht – und ihm verzeiht und die Freundschaft bewahrt.

Rüdiger stimmt dem Tausch zu – und nimmt den Schild, den Hagen einst in Bechelaren geschenkt bekommen hat: den Schild von Rüdigers totem Sohn Nudung! Er greift an. Der Saal widerhallt vom Kampfgetöse. Alle Gefolgsleute Rüdigers und viele Nibelungen werden erschlagen. Zum Schluß steht Rüdiger von Bechelaren dem Burgundenkönig Gernot gegenüber: dem Bruder seines Schwiegersohnes! Gernot hebt das Schwert – das er damals in den idyllischen Tagen auf der Markgrafenburg in Bechelaren geschenkt bekommen hat.

»Mit Eurem Geschenk, edler, kühner Mann«, ruft Gernot, »bezahlte ich Euch den höchsten Preis!« Das Schwert zerschmettert Rüdigers Schild und Helm – und sterbend erschlägt Rüdiger den Burgundenkönig Gernot.

2225. Gunther unde Gîselher und ouch Hagene,
Dancwart unde Volkêr, die guoten degene,
die giengen, dâ si funden ligen die zwêne man.
dô wart dâ von den helden mit jâmer weinen getân.

2225. Gunther und Giselher und auch Hagen, Dankwart und Volker, die trefflichen Helden, die gingen dorthin, wo sie die zwei Männer liegen fanden. Da weinten die Helden schmerzerfüllt.

2226. »Der tôt uns sêre roubet«, sprach Gîselher daz kint.
»nu lâzet iuwer weinen und gê wir an den wint,
daz uns die ringe erkuolen uns strîtmüeden man.
jâ wæn' uns got von himele nicht lenger hie ze lebene gan.«

2226. »Der Tod beraubt uns sehr«, sprach der junge Giselher. »Nun hört auf zu weinen. Gehen wir an die frische Luft, damit uns kampfesmüden Männern die Panzerringe abkühlen. Wahrlich – ich glaube, Gott läßt uns nicht mehr lange am Leben.«

Die Nibelungen tragen Rüdigers Leiche vor den Palast. Dietrich von Bern erhält Kunde vom Tod Rüdigers – und will das nicht glauben: »Das darf Gott nicht zulassen – das wäre ein Scherz des Teufels.« Er schickt seinen

Kampfszenen in der Etzelburg: die rätselhafte Skulptur am Schauplatz der Kämpfe

Waffenmeister Hildebrand und seine Gefolgsleute zu den Nibelungen mit dem Auftrag, das Schicksal Rüdigers zu erkunden – aber unter keinen Umständen zu kämpfen.

Doch es kommt anders: Als sich die Nibelungen und Dietrichs Gefolgsleute gegenüber stehen, stürzt Wolfhart, Hildebrands Neffe, wütend auf Volker zu. Sie werden getrennt. Wolfhart greift die Nibelungen an, die Schlacht bricht aus, Waffenklirren, Kampfgetümmel, Zweikämpfe. Dankwart und Helferich töten einander, ebenso Giselher und Wolfhart. Volker erschlägt Siegestab, den Neffen Dietrichs von Bern. Hildebrand erschlägt Volker, er blickt sich um: Tote überall, nur König Gunther und Hagen von Tronje sind noch am Leben – und Hagen greift ihn an, Siegfrieds Schwert Balmung in der Hand, um Rache zu nehmen für seinen Freund und Waffengefährten Volker von Alzey. Hildebrand kämpft, sieht keine Chance, flüchtet aus dem Saal, eilt von Blut überströmt zu Dietrich von Bern.

»Wo sind meine Gefolgsleute?« fragt Dietrich.

»Der einzige, der noch lebt, steht vor Euch. Ich bin's. Die anderen sind tot.«

Die kämpfenden Ritter aus Stein

In der Arpadenburg sind heute noch drei rätselhafte Skulpturen aus der Zeit des Nibelungendichters zu sehen. Die eine zeigt zwei kämpfende Ritter mit Schilden und Schwertern, die anderen stellen Männerköpfe dar, den einen mit und den anderen ohne Bart. Die Skulpturen sind aus dem Stein von Säulenkapitellen herausgemeißelt.

Sie scheinen auf frappierende Weise die Kampfszenen und die nun folgende Schlußszene des Nibelungenliedes zu illustrieren. Zusammenhänge werden auch vermutet und damit begründet, daß die eklatante Übereinstimmung von Schauplatz, Szenen und Skulpturen einen Zufall ausschließe.

Für diese Zusammenhänge werden zwei Theorien angeboten:

Der einen zufolge sind die Skulpturen tatsächlich bildhafte Darstellungen des im Mittelalter allgemein bekannten Nibelungenliedes. Jeder wußte damals, daß die Arpadenburg das Bühnenbild der Etzelburg war, daß der Dichter mithin Szenen aus dem Nibelungenlied in die Arpadenburg projiziert hat. Und nun könnte es sein, so die Vermutung, daß Bildhauer den Auftrag hatten, die literarischen Szenen dort zu gestalten, wo sie sich in der Phantasie des Dichters abgespielt haben.

Die andere (wohl wahrscheinlichere) Theorie besagt, daß der Dichter bei einem Besuch auf der Arpadenburg die Skulptur gesehen hat. Die kämpfenden Ritter inspirierten ihn zu den Kampfszenen – und die beiden Kopfskulpturen zum furiosen Finale:

Kriemhilds Rache

Dietrich von Bern, voll Zorn über den Tod seiner Gefolgsleute, rüstet sich, geht zu den beiden überlebenden Nibelungen – und hat Erbarmen mit ihnen. Er versucht sie zu retten und garantiert freien Abzug heim ins Burgundenland, falls sie sich ergeben würden. Hagen ergreift das Wort und erklärt für sich und seinen König: »Gott im Himmel möge verhüten, daß sich zwei Helden ergeben, die noch ihre Waffen tragen und frei entscheiden können.«
»Weist mein Angebot nicht zurück. Ihr habt mein Wort und meine Hand darauf, daß ich Euch heimgeleite, wie es Eurer Ehre gebührt. Und daß ich bereit bin, für Eure Sicherheit mein Leben zu geben.«
Wieder ist es Hagen, der die Antwort gibt: »Hört auf mit Eurem Ansinnen. Wir wären ehrlos, würden wir uns ergeben.«
Es kommt zum Kampf. Die beiden Nibelungen sind erschöpft, sie können sich kaum noch wehren. Und nun erweist sich Dietrich von Bern als einziger im Nibelungenlied, der kämpft und siegt – ohne zu töten. Er wirft sein Schwert aus der Hand, ringt erst Gunther und dann Hagen nieder und übergibt sie gefesselt Kriemhild.
Seine Bedingung: Beide müssen am Leben bleiben. Kriemhild sagt zu, und Dietrich geht »mit weinenden Augen von den ruhmreichen Helden fort«.
Während Gunther im Kerker liegt, nimmt Kriemhild sich Hagen vor. Gefesselt steht er ihr gegenüber. Umgegurtet trägt er das Schwert mit dem goldenen Griff und dem grünleuchtenden Jaspis am Knauf: Siegfrieds Schwert Balmung.
Kriemhild fordert den Hort zurück: »Gebt mir wieder, was Ihr mir genommen habt – dann könnt Ihr zurück ins Burgundenland.«

2368. Dô sprach der grimme Hagene: »diu rede ist gar verlorn,
vil edeliu küneginne. jâ hân ich des gesworn,
daz ich den hort iht zeige, die wîle daz si leben
deheiner mîner herren. sô sol ich in niemene geben.«

2368. Da sprach der grimme Hagen: »Die Rede ist vergeblich, hohe Königin. Wahrlich – ich habe geschworen, daß ich den Hort nicht verrate, solange einer meiner Lehnsherren am Leben ist. So lange werde ich ihn niemandem ausliefern.«

2369. »Ich bringez an ein ende«, sô sprach daz edel wîp.
dô hiez si ir bruoder nemen dâ den lîp.
man sluoc im ab daz houbet bî dem hâre si ez truoc
für den helt von Tronege. dô wart im leide genuoc.

2369. »Nun erreiche ich mein Ziel«, sprach die vornehme Frau. Sie befahl, ihrem Bruder das Leben zu nehmen. Man schlug ihm das Haupt ab. An den Haaren trug sie es vor den Held von Tronje. Da packte ihn der Schmerz.

Der Kopf am linken Säulenkapitell: rätselhafte Skulptur am Schauplatz des Unterganges

2370. Alsô der ungemuote sînes herren houbet sach,
wider Kriemhilde dô der recke sprach:
»du hâst iz nach dînem willen vil gar z'einem ende brâcht,
und ist ouch rehte ergangen, als ich mir hêt gedâht.

2370. Als er voll Grimm das Haupt seines Lehnsherrn sah, sprach der Recke zu Kriemhild: »Du hast endlich dein Ziel erreicht, wie du wolltest, und es ist ganz so gekommen, wie ich mir dachte.

2371. Nu ist von Burgonden der edel künec tôt,
Gîselher der junge unde ouch her Gêrnôt.
den schaz den weiz nu niemen wan got unde mîn:
der sol dich, vâlandinne, immer verholn sîn.«

2371. Nun ist der vornehme König der Burgunden tot, der junge Giselher und auch Herr Gernot. Das Versteck des Schatzes kennt nun keiner außer Gott und mir. Dir, Teufelin, soll es für alle Zeiten verheimlicht sein.«

2372. Si sprach: »so habt ir übele geltes mich gewert.
sô wil ich doch behalten daz Sîfrides swert.
daz truoc mîn holder vriedel, dô ich in jungest sach,
an dem mir herzeleide von iuwern schulden geschach.«

2372. Sie sprach: »So habt Ihr übel beglichen, was Ihr mir schuldig wart. So will ich zumindest Siegfrieds Schwert behalten. Das trug mein holder Geliebter, als ich ihn zum letzten Mal sah, an dem mir schlimmstes Leid durch Eure Schuld geschah.«

2373. Si zôh iz von der scheiden, daz kund er niht erwern.
dô dâhte si den recken des lîbes wol behern.
si huob ez mit ir handen, daz houpt si im ab sluoc.
daz sach der künec Etzel. dô was im leide genuoc.

2373. Sie zog das Schwert aus der Scheide. Er konnte es nicht verhindern. Da wollte sie den Recken vernichten. Sie hob das Schwert mit beiden Händen. Das Haupt schlug sie ihm ab. Das sah König Etzel. Da war er von Schmerz erfüllt.

2374. »Wâfen«, sprach der fürste, »wie ist nu tôt gelegen
von eines wîbes handen der aller beste degen,
der ie kom ze sturme oder ie schilt getruoc!
swie vîent ich im wære, ez ist mir leide genuoc.«

2374. »Wehe«, sprach der Fürst, »wie liegt hier totgeschlagen von Frauenhand der allertapferste Held, der je im Kampfe stand oder je einen Schild trug! Wie sehr er auch mein Feind gewesen sein mochte – so ist es doch sehr schmerzlich für mich.«

2375. Dô sprach der alte Hildebrant: »ja geniuzet si es niht,
daz si in slahen torste, swaz mir davon geschiht.
swie er mich selben bræhte in angestlîche nôt,
idneoch sô wil ich rechen des küenen Tronegæres tôt.«

2375. Da sprach der alte Hildebrand: »Wahrlich – sie soll nicht ungestraft davonkommen, daß sie ihn zu erschlagen wagte, was immer mir auch geschehen mag. Auch wenn er mich in lebensgefährliche Kampfesnot gebracht hat, so will ich doch den Tod des kühnen Tronjers rächen.«

2376. Hildebrant mit zorne zuo Kriemhilde spranc.
er sluoc der küneginne einen swæren swertes swanc.
jâ tet ir diu sorge von Hildebrande wê.
waz mohte si gehelfen, daz si sô grœzlîchen schrê?

2376. Voll Zorn sprang Hildebrand auf Kriemhild zu. Er versetzte der Königin einen gewaltigen Schwertstreich. Sie hatte wahrlich Todesangst vor Hildebrand. Was konnte es ihr helfen, daß sie so gellend schrie?

2377. Dô was gelegen aller dâ der veigen lîp.
ze stücken was gehouwen dô daz edele wîp.
Dietrîch und Etzel weinen dô began,
si klagten inneclîche beide mâge unde man.

2377. Da lagen nun alle, die das Schicksal für den Tod bestimmt hatte. In Stücke gehauen war die edle Frau. Dietrich und Etzel begannen zu weinen. Sie beklagten von Herzen die Verwandten und Gefolgsmänner.

Der Kopf am rechten Säulenkapitell: rätselhafte Skulptur am Schauplatz des Unterganges

2378. Diu vil michel êre was gelegen tôt.
die liute heten alle jâmer unde nôt.
mit leide was verendet des küniges hôhgezît,
als ie diu liebe leide z'aller jungeste gît.

2378. Die alte, große Herrlichkeit war dahin. Die Menschen waren alle ergriffen von Schmerz und Traurigkeit. Mit Leid war des Königs Fest zu Ende gegangen – wie immer die Freude mit Leid letztendlich wird gelohnt.

2379. Ine kan iu niht bescheiden, waz sider dâ geschach,
wan ritter unde frouwen weinen man dâ sach,
dar zuo die edeln knehte ir lieben friunde tôt.
dâ hât daz mære ein ende: diz ist der Nibelunge nôt.

2379. Ich kann Euch nicht berichten, was später noch geschah – nur daß man Ritter und hohe Frauen weinen sah, und auch die edlen Knechte. Sie weinten über den Tod ihrer Freunde. Hier hat die Geschichte ihr Ende: Das ist der »Nibelunge nôt«.

Originaltext und Übersetzung

Metrische Turbulenzen

Das Nibelungenlied ist in 34 Handschriften und Handschriftenfragmenten überliefert. Die wichtigsten sind:
Die Hohenems-Münchner Handschrift A, in Hohenems entdeckt, in der Münchner Staatsbibliothek aufbewahrt.
Die St. Gallener Handschrift B.
Die Donaueschinger Handschrift C, in Hohenems entdeckt, im Schloß von Donaueschingen aufbewahrt.
Alle überliefern das Epos in der Nibelungenstrophe, auf die hier kurz eingegangen werden soll:
Üblicherweise erstrebt die Dichtung dieser Zeit als Ideal den regelmäßigen Wechsel von betonten Silben (Hebungen) und unbetonten Silben (Senkungen) in raschen und fließenden Reimpaaren. Das ist dem Nibelungendichter zu monoton, zu einschläfernd. Er will metrische Variationsmöglichkeiten, wuchtige Rhythmen, feierlich gehobene Pausen und Räume für wechselnde Tempi. Geeignet dafür scheint ihm die (später nach seinem Werk benannte) Nibelungenstrophe: vier paarweise reimende Langzeilen mit jeweils zwei durch Zäsur getrennte Halbzeilen, sogenannte Anverse und Abverse. Die Pointe dabei: die ersten drei Abverse sind dreihebig, der vierte Abvers jedoch vierhebig. Das heißt: der Schluß wird rhythmisch stimuliert, die Monotonie durchbrochen, eine Turbulenz schäumt auf, als würde eine gleichmäßig rollende Welle an die Hafenmauer prallen.
Allerdings: Strophe für Strophe vorgetragen, wirkt die regelmäßige Wiederkehr der Turbulenz am Strophenschluß ihrerseits wieder monoton. Das macht der Dichter nicht mit. Er bricht aus dem Zwang metrischer Regeln aus. So verschiebt er beispielsweise den Vierheber am Strophenschluß immer wieder unvermutet nach vorne in die zweite oder dritte Langzeile – und überrumpelt damit den auf einen dreihebigen Abvers eingestimmten Zuhörer. Oder er läßt den Erzählstrom unvermutet über die vorgeschriebene Pause am Langzeilenende oder an der Zäsur hinwegfluten, manchmal sogar über den Strophenschluß hinaus: ein ganz besonderer Effekt, denn dort erwartet der Zuhörer die Schlußpointe, den Rückprall des metrischen Wellenschlags. Zudem rhythmisierte der Dichter den Text je nach Thema, er dosiert die Hebungen nach bestimmten Stärkengraden: Nebenhebung, Normalhebung, beschwerte Hebung. Allein am Duktus ist schon erkennbar, ob er eine Liebesgeschichte erzählt oder einen Kampf schildert, ob eine Schöne den Schleier zurückschlägt oder Schwerter auf Helme klirren. Manchmal ist spürbar, wie er gleichsam die Zügel aufnimmt und mit genau bemessenen Galoppsprüngen auf eine Pointe zustrebt. Eingeschlafen ist wohl keiner beim Vortrag des Nibelungenliedes, schon des Rhythmus wegen, unabhängig von der Story, die mit dramatischer Verve erzählt wurde.
Diese rhythmischen Varianten überliefern die Handschriften nicht einheitlich, wie sie auch im Text nicht immer übereinstimmen. Die Forschung ist sich einig, daß keine Handschrift das Original bietet.

Mehr Bearbeitung als Abschrift: die Handschrift C

Wer heute das Nibelungenlied im mittelhochdeutschen Text veröffentlicht, sollte nicht, wie das früher versucht wurde, eine hypothetische Rekonstruktion des Originals oder eine Kombination verschiedener Handschriftentexte anstreben. Er kann nur eine Handschrift wählen, von der er überzeugt ist, daß sie dem Original am meisten nahekommt:
Die im vorigen Jahrhundert favorisierte Handschrift A scheidet nach neuestem Erkenntnisstand aus.
Die Handschrift C ist fast frei von Schreibfehlern und Verschiebungen der metrischen Turbulenzen. Sie ist mit ihren Ergänzungen, Verdeutlichungen, moralischen Interpretationen des dramatischen Geschehens und ihren Vergleichsmöglichkeiten von unbestreitbarem Wert, gelegentlich wurde sie sogar als Originalfassung des Nibelungenliedes bezeichnet: ein schwärmerischer Verdacht, der sich nie erhärten ließ und fallengelassen wurde.
Inzwischen ist man allgemein zur Überzeugung gelangt, daß die Handschrift C vom Archetyp eher besonders weit entfernt ist und daß sie mehr Bearbeitung als Abschrift des Originals bietet: Der C-Schreiber hat »seine Vorlage studiert wie ein Richter seine Kriminalakten, nicht die kleinste Lücke, nicht die geringste Unebenheit ist seinem Scharfblick entgangen. Und er hat buchstäblich viele hundertmal eingegriffen mit kleinen, kaum merkbaren, wie mit großen und tiefgreifenden Abänderungen, mit Weglassen und Zufügen. Keine Frage, daß er einen glatteren, anstandsloseren Text hervorgebracht hat. ... Gewiß ist manche Änderung, die er brachte, der bloßen Lust am Ändern überhaupt entsprungen ...
Seine Änderungen als die besseren, ursprünglicheren Lesearten zu erklären war freilich ein Mißverständnis. ... Der Bearbeiter folgte bewußt ... einem anderen Schönheitsideal als der ursprüngliche Dichter. ... Man wird nicht verkennen, daß er in der Einebnung der Charaktere und der Handlungsmotive, wie es besonders bei der Schilderung Hagens und Kriemhilds geschah, Opfer brachte, die uns als peinliche Beeinträchtigung erscheinen« (Friedrich Panzer, Das Nibelungenlied).
Die Handschrift B kommt nach heutiger Lehrmeinung dem Original am nächsten und dient den meisten Forschern als Vorlage.

Am meisten anerkannt: die Handschrift B

Bei der Abschrift waren mehrere Schreiber am Werk. Der erste schrieb bis Strophe 21, der zweite bis Strophe 392, der dritte, der fast 2000 Strophen überlieferte, »entspricht in seiner Art des Abschreibens ganz der Vorstellung eines Schreibers, der den Text aus mündlichem Vortrag gut kannte, die Vorlage nur als Gedächtnisstütze benutzte und ihm vertraute Vortragsvarianten in den Text aufgenommen hat« (de Boor, Das Nibelungenlied).
Über die Freiheiten des Hauptschreibers der Handschrift B kann man freilich geteilter Meinung sein. Auf der einen Seite sind ihm bei seiner rasanten

Arbeit einige Fehler unterlaufen, die meist so offensichtliche Ausrutscher sind, daß man sie gut korrigieren kann; auf der anderen Seite bietet er – der »den Text aus mündlichem Vortrag gut kannte ...« – zweifellos die vitalste Überlieferung: den Text, der beim Publikum ankam – und damit den Text, der den Intentionen des Dichters am meisten entspricht: »Moderne Interpreten vergessen gerne die einfache Tatsache, daß der Dichter zunächst einmal erzählen und das Publikum eine spannende Erzählung hören wollte« (de Boor, Das Nibelungenlied).

Entsprechend dieser ursprünglichen Bestimmung des Nibelungenliedes wird in diesem Buch die Handschrift B geboten, ergänzt um die heute in Editionen üblichen und vertrauten Strophen aus anderen Handschriften, jedoch weitgehend ohne Änderungen des B-Originaltextes! (Heute übliche Editionen der Handschrift B sind neben vielfältigen und dem Verständnis dienlichen Bearbeitungen mitunter auch textlich verändert, dergestalt, daß gelegentliche Formulierungen anderer Handschriften und damit auch »glattere, anstandslosere Texte« der Handschrift C gewissermaßen transplantiert und mit B-Originaltexten ausgewechselt wurden. Eine von der Wissenschaft ohne Wenn und Aber anerkannte und dem heutigen Kenntnisstand entsprechende Edition gibt es gegenwärtig nicht, so maßgeblich und wertvoll die Werke zum Zeitpunkt ihrer Veröffentlichung auch waren.)

Völlig unbearbeitet kann freilich auch die Handschrift B-Text in diesem Buch nicht sein. Eingriffe geschahen jedoch nur bei offenkundigen Fehlern, Auslassungen oder Ausrutschern des Schreibers und im Interesse eines ungestörten Lesevergnügens. Dazu gehören auch die behutsame Änderung der Interpunktion und die heute allgemein geübte, maßvolle und hier eher zurückhaltende Vereinheitlichung mancher Schreibweisen: für »kraft«, »chraft«, »krefte«, »crepfte« also immer »kraft« und »krefte«, für »frouwe« und »vrouwe« immer »frouwe«. Zwei Strophen der Handschrift C (1013 und 1164) wurden als wertvolle Zusatzinformationen aufgenommen. Die Bearbeitung ist jedenfalls beeinflußt von meiner jahrelangen Arbeit mit dem Nibelungenlied nach der Ausgabe von Karl Bartsch, herausgegeben von Helmut de Boor.

Die Übersetzung

Das Nibelungenlied wurde seit Anfang des vorigen Jahrhunderts bis in unsere Tage hinein ins Neuhochdeutsche übersetzt, teils in gereimter Form, teils in Prosa. Indes: »Eine befriedigende Übersetzung ins Neuhochdeutsche gibt es nicht« (Joachim Heinzle, Das Nibelungenlied).

Es empfahl sich deshalb, die Nibelungenstrophen in diesem Buch neu zu übersetzen. Der neuhochdeutsche Text ist als Übersetzungshilfe gedacht, gelesen werden soll der Originaltext!

Mittelhochdeutsch ist weitgehend verständlich. Das Problem liegt vor allem darin, daß scheinbar eindeutige Wörter durch ihren Bedeutungswandel falsch verstanden werden können. Schon in den ersten sechs Strophen gibt es dafür einige Beispiele:

Strophe 1: »arebeit«. In diesem Zusammenhang ist mühevolles Kriegshandwerk gemeint, Kampfesmüh.

Strophe 2: »edel«. Im Mittelhochdeutschen keine moralische Wertung, sondern eine Standesbezeichnung: adlig, hochgeboren, von vornehmer Abstammung.

»verliesen den lîp«: lîp ist hier die Umschreibung einer Person, also: das Leben verlieren, sterben.

Strophe 3: »ir edel lîp«. lîp ist hier ebenfalls Umschreibung einer Person, also die Hochgeborene.

»juncfrouwe«: frouwe ist eine Standesbezeichnung: hohe Frau, Herrin. »juncfrouwe« ist also eine junge Herrin (die auch verheiratet sein und Kinder haben kann).

Strophe 5: »milte«. Bezeichnet die Freigebigkeit, eine der vornehmsten Fürstentugenden im Mittelalter.

»kraft« ist in diesem Zusammenhang nicht im Sinne von Körperkraft zu verstehen, sondern von Heeresmacht.

Strophe 6: »kraft«. Hier ist eindeutig, daß Heeresmacht gemeint sein muß.

Strophe 841: »listen«. Siehe Anmerkung zu Strophe 897.

Strophe 849: »jâ ...« Eine im Mittelhochdeutschen gerne gebrauchte Beteuerung der folgenden Aussage im Sinne von: ja freilich, wahrlich, fürwahr, tatsächlich.

Strophe 897: »listen«. Ein vielfältig verwendbares Wort: Kenntnis, Erkenntnis, Wissen, Wissenschaft, Erfahrung, Künste, weise Künste, Zauberkünste, Schlauheit, Taktik, auch Heuchelei (arger list, valscher list).

Strophe 981: »brunnen«. Hier im Sinne von Quelle.

Strophe 1137: »ze Lôche«. Offenbar eine heute vergessene Ortsbezeichnung, wie auch die Großschreibung verrät, deshalb nicht übersetzbar.

Strophe 1348: »frouwe, iuch wil enpfâhen hie der künec hêr«. Im Original der Handschrift B heißt es: »ich« statt »iuch« und »den« statt »der«. Also: »Herrin, ich will hier den erhabenen König empfangen«. Die unlogische Formulierung, ein offensichtlicher Abschreibfehler, wurde in Abstimmung mit anderen Handschriften und den wissenschaftlichen Ausgaben korrigiert.

Strophe 1533: »brunnen«. Hier im Sinne von Quelle.

Strophe 1535: »merewîp«. Wörtlich Meerweib, hier im übertragenen Sinne: dämonisches Wasserwesen, Wasserfrau, Zauberfrau.

Strophe 2373: »behern«. Unübersetzbar. Mit dem nur im übertragenen Sinne auf einen Menschen anwendbaren Wort will der Dichter den ekstatischen Vernichtungswillen Kriemhilds anschaulich machen. »behern« heißt eigentlich: ein Land verheeren, verwüsten, mit Heeresmacht überfallen.

Strophe 2374: »wâfen«. Wörtlich: »Waffen«. Unübersetzbarer Ausdruck des

Entsetzens, der zur Zeit des Nibelungendichters seine ursprüngliche Bedeutung als Kommandoruf »Zu den Waffen!« verloren hat.
Strophe 2378: »diu vil michel êre«. Die Übersetzung ist nur interpretierend möglich und hat zu höchst divergenten Deutungen geführt, so zum Beispiel: »Der Helden Herrlichkeit« (Simrock), »Die Blüte der Helden« (Grenzmer), »Die alte, große Herrlichkeit« (de Boor), »Alle, auf die Ehre sich gegründet hatte« (Brackert), »Die höchste Ehre« (Woyte), »Der Stolz aller Länder« (Pretzel).
Strophe 2379: »Nibelunge nôt«. Wurde als stehender Begriff in den neuhochdeutschen Text übernommen und wird allgemein übersetzt mit »Der Nibelungen Untergang«.

Literaturverzeichnis

Das Verzeichnis enthält nicht die gesamte verarbeitete Literatur, sondern nur die Werke, denen Zitate entnommen wurden oder die in direktem Zusammenhang mit Handschriften, Übersetzung und dem Thema »Schauplätze des Nibelungenliedes« stehen.

Karl Bartsch: Untersuchungen über das Nibelungenlied, Wien 1865.

Helmut de Boor: Geschichte der deutschen Literatur von den Anfängen bis zur Gegenwart. München 1979.

Helmut de Boor: Zur Rhythmik des Strophenschlusses im Nibelungenlied. Festgabe für U. Pretzel, Berlin 1963.

Helmut de Boor: Die »schweren Kadenzen« im Nibelungenlied. Paul u. Braunes Beiträge, Bd. 92, 1970.

Helmut de Boor: Über dreisilbige und zweisilbige Komposita und Derivata im Nibelungenlied, bei Gottfried und Hartmann. Paul und Braunes Beiträge, Bd. 94. Sonderheft 1972.

Wilhelm Braune: Die Handschriftenverhältnisse des Nibelungenliedes, Paul u. Braunes Beiträge, Bd. 25, 1900.

Julius Reinhart Dieterich: Der Dichter des Nibelungenliedes, Darmstadt 1923.

Nelly Dürrenmatt: Das Nibelungenlied im Kreis der höfischen Dichtung, Bern 1945.

Umberto Eco: Die erzählerischen Strukturen in Flemings Werk. In: Der Fall James Bond, München 1966.

Gustav Ehrismann: Studien über Rudolf von Ems. Beiträge zu Geschichte der Rhetorik und Ethik im Mittelalter. Sitzungsberichte der Heidelberger Akademie d. Wissenschaften 1919.

Walter Hansen: Die Spur des Sängers. Das Nibelungenlied und sein Dichter, Bergisch-Gladbach 1987.

Walter Hansen: Die Spur der Helden. Die Gestalten des Nibelungenliedes in Sage und Geschichte, Bergisch-Gladbach 1988.

Joachim Heinzle: Das Nibelungenlied. Eine Einführung, München und Zürich 1987.

Ursula Hennig: Zu den Anversen in der Strophe des Nibelungenliedes. Paul u. Braunes Beiträge, Bd. 85, 1963.

Andreas Heusler: Nibelungensage und Nibelungenlied. Die Stoffgeschichte des deutschen Heldenepos. Sonderausgabe, unveränderter reprografischer Nachdruck der 6. Aufl., Darmstadt 1982.

Max Heuwieser: Passau und das Nibelungenlied. In: Zeitschrift für bayerische Landesgeschichte. München, 14, 1943/44.

Birgit M. Hielscher: Gisela, Königin von Ungarn. In: Ostbairische Grenzmarken. Passauer Jahrbuch für Geschichte, Kunst und Volkskunde. Passau, 10, 1968.

Otto Höfler: Die Anonymität des Nibelungenliedes. Deutsche Vierteljahrsschrift, Bd. 29, 1955.

Adolf Holtzmann: Untersuchungen über das Nibelungenlied, Stuttgart 1854.

Bálint Hóman: Geschichtliches im Nibelungenlied, Berlin 1924.

Helene Homeyer: Attila. Der Hunnenkönig von seinen Zeitgenossen dargestellt. Ein Beitrag zur Wertung geschichtlicher Größe, Berlin 1951.

Dietrich Kralik: Passau im Nibelungenlied. Wien 1951. S. 452–470. Aus: Anzeiger d. phil. hist. Kl. d. österr. Akademie d. Wissenschaften, Jg. 1950, Nr. 20.

Dietrich Kralik: Wer war der Dichter des Nibelungenliedes? Wien 1954.

Eugen Kranzbühler: Worms und die Heldensage, Worms 1930.

August Leidl: Die selige Gisela, Königin von Ungarn. In: Bavaria Sancta. Zeugen christlichen Glaubens in Bayern. Hg. von Georg Schwaiger. 3. Bd., Regensburg 1973.

August Lübben: Wörterbuch zu der Nibelunge Not. 3., vermehrte und verbesserte Auflage, Oldenburg 1877.

Anton von Mailly: Niederösterreichische Sagen, Leipzig 1926.

Alois Mosser: Traismauer. Zentrum der karolingischen Grafschaft zwischen Enns und Wiener Wald. In: Fundberichte aus Österreich. Hg. v. Bundesdenkmalamt Wien. Wien, Bd. 16, 1977.

Walter Münz: Zu den Passauer Strophen und der Verfasserfrage des Nibelungenliedes. Euphorion 65, 1971.

Bert Nagel: Das Dietrichbild des Nibelungenliedes. In: Zeitschrift für deutsche Philologie. Berlin, München, Bd. 78/79, 1959/1960.

Bert Nagel: Das Nibelungenlied. Stoff – Form – Ethos, Frankfurt 1970.

Die Nibelungen. Herausgegeben von Joachim Heinzle und Anneliese Waldschmidt, Frankfurt 1991.

Das Nibelungenlied. Hg. von Karl Bartsch, 3 Bd., Leipzig 1870–1880.

Das Nibelungenlied. Nach der Ausgabe von Karl Bartsch, hg. von Helmut de Boor, 1959 und 1972.

Das Nibelungenlied. Paralleldruck der Handschriften A, B und C nebst Lesarten der übrigen Handschriften. Hg. von Michael S. Batts, Tübingen 1971.

Das Nibelungenlied. Kritisch herausgegeben und übertragen von U. Pretzel, Stuttgart 1973.

Das Nibelungenlied. 1. und 2. Teil, Mittelhochdeutscher Text und Übertragung. Herausgegeben, übersetzt und mit einem Anhang versehen von Helmut Brackert. Frankfurt 1970.

Das Nibelungenlied. Heldenepos aus erster Hand, nach der Übersetzung von Karl Simrock neu hg., bearbeitet und kommentiert von Walter Hansen, Wien, Heidelberg 1982.

Das Nibelungenlied. Übersetzt, eingeleitet und erläutert von Felix Genzmer, Stuttgart 1955.

Das Nibelungenlied. Abbildungen und Materialien zur gesamten handschriftlichen Überlieferung der Aventiuren I und XXX, hg. von Otfrid Ehrismann, Göppingen 1973.

Friedrich Panzer: Die Wege der Nibelungen. In: Erbe der Vergangenheit. Beitr. Festgabe für Karl Helm zum 80. Geburtstage 19. Mai 1951, Tübingen 1951.

Friedrich Panzer: Das Nibelungenlied. Entstehung und Gestalt, Stuttgart 1955.

Paul Hermann: Zur Nibelungenfrage. Paul u. Braunes Beiträge. Bd. 3, (1876).

Leander Petzold: Sagen aus Niederösterreich, München 1992.

Hans Plöckinger: Sagen der Wachau, Krems 1926.

Friedrich Ranke: Der Dichter des Nibelungenliedes. In: Die großen Deutschen. Deutsche Biographie. Hg. von Hermann Heimpel u. a. 4 Bde., Berlin 1956–1957.

Wolfgang Maria Schmid: Das Grab der Königin Gisela von Ungarn, Gemahlin Stephans I., des Heiligen, München 1912.

Hermann Schneider: Siegfried. In: Forschungen und Fortschritte. Nachrichtenblatt der deutschen Wissenschaft und Technik. Leipzig, Jg. 12, 1936.

Werner Schröder: Die epische Konzeption des Nibelungenlied-Dichters. Wirkendes Wort, Bd. 11, 1961.

Robert Sommer: Die Nibelungenwege von Worms über Wien zur Etzelburg. Weimar, Gießen 1929.

Jan de Vries: Heldenlied und Heldensage, Bern, München 1961.

Burghart Wachinger: Studien zum Nibelungenlied. Vorausdeutungen, Aufbau, Motivierung, Tübingen 1960.

Peter Wapnewski: Deutsche Literatur des Mittelalters. Ein Abriß von den Anfängen bis zum Ende der Blütezeit. 4., ergänzte Auflage Göttingen 1980.

Peter Wapnewski: Rüdigers Schild. In: Euphorion. Zeitschrift für Literaturgeschichte. Heidelberg, Bd. 54, 1960.

Gottfried Weber und Werner Hoffmann: Nibelungenlied. Sammlung Metzler, Heldendichtung, Stuttgart 1968.

Leo Weber: Der schöne Brunnen. In: Zeitschrift für deutsches Altertum und deutsche Literatur. Leipzig, 63 = N. F., Bd. 51, 1926.

Joachim Werner: Beiträge zur Archäologie des Attila-Reiches. A. B. München 1956. (Bayerische Akademie der Wissenschaften. Phil.-hist. Kl. Abhandlung. N. F. 38 A. B.)

Friedrich Wilhelm: Nibelungenstudien I. Über die Fassungen B und C des Nibelungenliedes und der Klage, ihre Verfasser und Abfassungszeit, Münchner Archiv, Bd. VII, 1916.

Eike Meinrad Winkler: Die Skelettfunde in der Stadtpfarrkirche von Traismauer. In: Fundberichte aus Österreich. Hg. v. Bundesdenkmalamt Wien. Wien, Bd. 16, 1977.

Die Wiedergabe der Zeichnung von Adolf Böhm auf S. 25 erfolgte mit freundlicher Genehmigung des Lübbe-Verlags.